RONALD SCHWEPPE | ALJOSCHA LONG

LOSLASSEN

Mein Übungsbuch für mehr Unabhängigkeit & Lebensfreude

INTENSITÄTSGRADE DER ÜBUNGEN

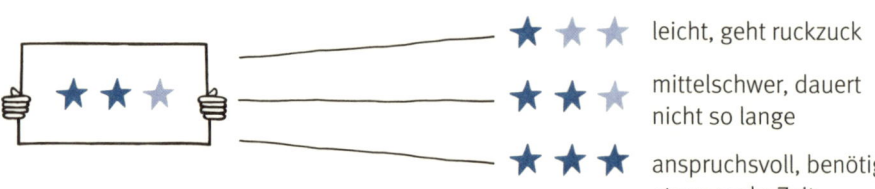

leicht, geht ruckzuck

mittelschwer, dauert nicht so lange

anspruchsvoll, benötigt etwas mehr Zeit

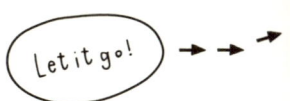

BEVOR ES LOSGEHT

» Mama, schau mal, die ganzen Luftballons fliegen in den Himmel - nur meiner nicht. «

» Ach Kind: Lass ihn doch endlich los! «

Loslassen ist viel leichter als festhalten. Ob unangenehme Erinnerungen, schlechte Gewohnheiten, negative Gefühle, Alltagsgerümpel oder nervige Mitmenschen – durch Loslassen wird dein Leben leichter, unbeschwerter und angenehmer. Und wenn du dich von unnötigen Lasten befreist, hast du wieder mehr Zeit für das Wesentliche. Wahrscheinlich weißt du das ja alles selbst – die Frage ist nur: Wie kannst du loslassen, was dich unglücklich macht? Die Antwort: durch Üben! Freiheit gewinnst du nur, indem du übst, frei zu sein. Dieses Buch ist ein Übungsbuch. Mach es dir bequem, nimm einen Stift und lass dich inspirieren. Spiele damit, notiere, was dir einfällt, und tobe dich nach Lust und Laune aus. Du kannst jede beliebige Seite aufschlagen und wirst überall Impulse finden. Einige Übungen sind intensiver, andere sehr einfach. Doch ganz egal, wie klein der Schritt auch scheinen mag – er bringt dich der Leichtigkeit des Seins näher und hilft dir, loszulassen und zu leben.

Auf deinem Weg zu einem unbeschwerten Dasein wünschen wir dir viel Freude und Erfolg!

Herzlich,

WAS KANNST DU »LOSLASSEN«?

Loslassen kannst du nur, was du festhältst. Aber nicht nur, was du mit den Händen festhältst, sondern ebenso alles Unnötige, woran du dich mit deinen Gedanken und Gefühlen klammerst. Loslassen bedeutet, dass du dich befreist. Und zwar von allem Unwesentlichen – damit du glücklicher, zufriedener und gelassener leben kannst.

Also, wie sieht es bei dir aus?

▶ *Wovon möchte ich mich in meinem Leben gerne befreien?*

_____

_____

_____

_____

▶ *Was hindert mich daran?*

_____

_____

_____

_____

▶ *Was belastet mich derzeit?*

_____

_____

_____

_____

➤ *Von welchen Dingen könnte ich mich befreien?*

_____

_____

➤ *Welche Verhaltensweisen, Gefühle und Gedanken würde ich gerne loslassen?*

_____

_____

_____

➤ Angenommen, ich könnte die genannten Dinge tatsächlich loslassen: Wie würde sich mein Leben verändern? Wie würde ich mich wohl fühlen?

_____

_____

_____

Nice to know!

DAS GEHEIMNIS DES LOSLASSENS

Warum solltest du überhaupt etwas loslassen? Was man hat, hat man. Nun, das Geheimnis ist einfach: Du kannst nur dann etwas Neues in deinem Leben gewinnen, wenn du zuvor etwas Altes loslässt. Loslassen ist also Teil eines natürlichen Verdauungsprozesses. Hältst du dennoch fest, wirst du bald psychische »Verdauungsprobleme« bekommen ...

»WENN-DANN-SÄTZE« LOSLASSEN

Von wie vielen Bedingungen machst du dein Glück abhängig? Je öfter du »wenn ... dann ...« denkst, desto unglücklicher wirst du sein. Du tappst dann in die Falle, in der so viele von uns feststecken. »Erst muss ich noch mehr Geld verdienen/ einen anderen Partner finden/ warten, bis die Kinder aus dem Haus sind ... und *dann* erst werde ich glücklich sein.«

Aber stimmt das? Nein, denn du kannst (und solltest) auch jetzt gleich glücklich sein: Erkenne die vielen Wenns und Abers in deinem Denken, damit du sie schließlich leichter loslassen kannst.

Hier sind zwei Beispiele:

Wenn ... ich mehr Geld verdiene, dann ... wird es mir besser gehen.

Wenn ... die Sonne scheint, dann ... wird es ein schöner Tag.

➤ *Und jetzt du:*

Wenn _ _ _ _ _ _ _ _ _ _ _ , dann _ _ _ _ _ _ _ _ _ _

Wenn _ _ _ _ _ _ _ _ _ _ _ , dann _ _ _ _ _ _ _ _ _ _

Wenn _ _ _ _ _ _ _ _ _ _ _ , dann _ _ _ _ _ _ _ _ _ _

Wenn _ _ _ _ _ _ _ _ _ _ _ , dann _ _ _ _ _ _ _ _ _ _

BLITZSCHNELL SPANNUNGEN LOSLASSEN

Je weniger Stress du hast, desto entspannter wird dein Körper sein. Und weißt du was: Das klappt auch umgekehrt! Je mehr du deinen Körper entspannen kannst, desto leichter wirst du auch innerlich zur Ruhe kommen und dich rundum wohl in deiner Haut fühlen – und das ist gar nicht schwierig.

Die 30-Sekunden-Blitzentspannung - so geht's!

1. Atme aus und anschließend ganz tief ein, bis keine Luft mehr in deine Lunge passt.
2. Halte die Luft kurz an, balle gleichzeitig die Fäuste, zieh die Schultern hoch und zieh den Bauchnabel nach innen und oben. Spanne deinen Körper ganz fest an und zähle innerlich bis vier.
3. Atme tief und schnell durch den Mund aus und entspanne zugleich blitzschnell Hände, Schultern, Bauch und Gesicht. Lasse alle Anspannungen im Körper, die dir bewusst werden, mit dem Ausatmen los.

Die Übung ist zwar sehr einfach, aber der eigentliche Trick besteht darin, immer wieder daran zu denken und sie möglichst oft auszuführen.

➤ _Überlege mal: Wo könntest du sie im Alltag einbauen?_

Beispiel: In der Warteschlange im Supermarkt.

_ _

_ _

_ _

_ _

 # CHECK: WORAN HALTE ICH FEST?

Versuche mal, die folgenden Aussagen ganz ehrlich zu beantworten. Denke nicht lange nach, sondern antworte spontan. Kreuze an »Ja«, »Es geht« oder »Nein«. Was die Symbole bedeuten, erfährst du dann auf der nächsten Seite.

☐ Ich bewahre Dinge, die ich nicht mehr brauche, ordentlich auf.
○ JA   ○ Es geht   ○ NEIN

○ Ich komme gewissenhaft meinen sozialen Verpflichtungen nach.
○ JA   ○ Es geht   ○ NEIN

◇ Ich denke oft an Vergangenes.
○ JA   ○ Es geht   ○ NEIN

☐ Ich habe keine Vorurteile; aber ich weiß, wie die Dinge laufen.
○ JA   ○ Es geht   ○ NEIN

○ Manchmal fühle ich mich von Leuten, die ich kenne, ausgenutzt.
○ JA   ○ Es geht   ○ NEIN

☐ Ich lasse mich auch von geschickten Argumenten nicht blenden.
○ JA   ○ Es geht   ○ NEIN

☐ Ich habe einige Geräte im Schrank, die kaputt sind.
○ JA   ○ Es geht   ○ NEIN

◇ Manchen Menschen kann ich nicht verzeihen.
○ JA   ○ Es geht   ○ NEIN

○ In meinem Bekanntenkreis sind einige Leute, die ich nicht mag.
○ JA   ○ Es geht   ○ NEIN

☐ Mein Bücherregal ist überfüllt.
○ JA   ○ Es geht   ○ NEIN

○ Es fällt mir nicht leicht, mit neuen Menschen warm zu werden.
○ JA   ○ Es geht   ○ NEIN

☐ Ich kann mich nur schwer von alten Kleidungsstücken trennen.
○ JA   ○ Es geht   ○ NEIN

☐ Ich habe meine Meinung, und die ist unverrückbar.
○ JA   ○ Es geht   ○ NEIN

◇ Das, was mir angetan wurde, beschäftigt mich oft noch lange.
○ JA   ○ Es geht   ○ NEIN

☐ Ich finde, Vertrauen ist gut, aber Kontrolle ist besser.
○ JA   ○ Es geht   ○ NEIN

◇ Wenn ich an die Zukunft denke, wird mir angst und bange.
○ JA   ○ Es geht   ○ NEIN

Unten siehst du einen Kreis mit 32 Feldern – das Maß deiner Freiheit – jedes Kreisviertel gehört zu einem der Symbole. Nun sieh dir mal deine Antworten an. Für jede »Ja«-Antwort malst du nun zwei Felder des entsprechenden Kreisviertels aus, für jede »Es geht«-Antwort nur eines. Fange mit den Feldern innen an. Am besten ist es, wenn du unterschiedliche Farben verwendest.

Wenn du das für alle Antworten gemacht hast, kannst du direkt sehen, wie groß deine Freiheit schon ist (die unausgefüllte Kreisfläche), wie sehr dir das Loslassen schwer fällt (die ausgefüllte Fläche) und in welchem Bereich du am meisten Schwierigkeiten mit dem Loslassen hast.
Klingt das kompliziert? Leg einfach los – du wirst sehen, dass es ganz einfach ist!

Die Symbole bedeuten: Schwierigkeiten mit dem Loslassen von ...

▭: Dingen, ◯: Menschen, ▯: Meinungen, ◇: Erfahrungen

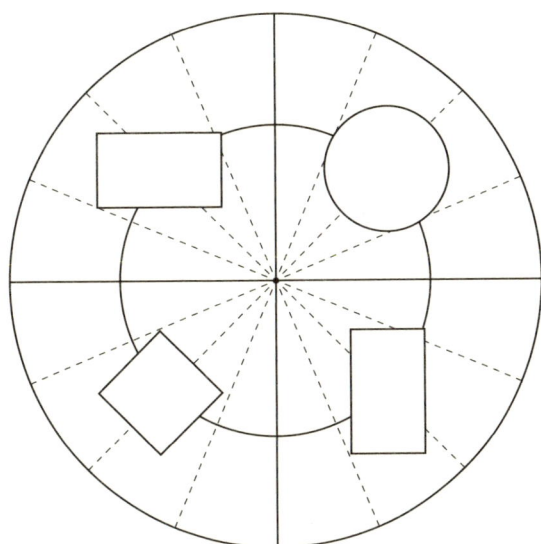

LOVE IT, CHANGE IT OR LEAVE IT!

Gehe mal in Gedanken deinen Alltag durch. Sicher begegnen dir dabei auch Situationen, die nicht so angenehm sind. Dann kannst du das entweder einfach hinnehmen und unzufrieden bleiben oder dich für einen von drei Wegen entscheiden.

➤ Love it – Liebe es!

Schreibe hier Situationen auf, denen du mit etwas Überlegung etwas Positives abgewinnen kannst und die du dann gut annehmen und sogar lieben kannst.

➤ Change it – Löse das Problem!

In welchen Situationen kannst du das Problem konkret lösen? Oft genügen kleine Veränderungen – nicht nur äußerlich, sondern auch innerlich.

➤ Leave it – Lass los!

In welchen Situationen kannst du das Problem einfach loslassen, indem du beispielsweise Ärger, Meinungen oder Menschen loslässt?

FINDE IN DEINEN RHYTHMUS

Jeder Mensch ist individuell, jeder hat seinen Biorhythmus. Leichtigkeit entsteht dadurch, dass du in deinem Rhythmus lebst. Die »Lerchen« sind Frühaufsteher und die »Eulen« Nachtmenschen. Und was bist du für ein Vogel?

Morgens mache ich am liebsten:

_____

_____

Am aktivsten fühle ich mich, wenn ...

_____

_____

Abends mache ich am liebsten ...

_____

_____

Und jetzt überleg mal, ob du nicht manches, das du morgens tust, lieber abends erledigen solltest – und umgekehrt. Deine Zeit ist nicht zu jeder Zeit gleich stark!

Nice to know!

DER BIORHYTHMUS

Die Chronobiologie erforscht die biologischen Rhythmen seit Langem. Ein wichtiges Ergebnis: Die Unterschiede zwischen »Eulen« und »Lerchen« sind genetisch bedingt und können nicht umerzogen werden. Ein Großteil der Bevölkerung lebt ständig gegen seinen Biorhythmus – zum Beispiel die Hälfte aller Schüler, die altersbedingt »Eulen« sind!

ICH MUSS, ICH SOLLTE ...

Ich will!

Je mehr du zu müssen glaubst, desto anstrengender wird das Leben. Aber »musst« du wirklich? Sicher – manchmal geht es nicht anders. Doch immer, wenn du »musst« sagst, ist damit ein »wenn ...« verbunden: Du *musst* atmen, *wenn* du leben willst. Du *musst* dir die Haare schneiden, *wenn* du sie nicht lang und wild haben möchtest.

Immer folgt auf ein »musst« ein (meist nicht ausgesprochenes) »wenn ...«. Es ist aber wichtig, dieses »wenn« auch mal auszusprechen – denn nur so erkennst du, dass das Müssen in Wirklichkeit ein Wollen ist.

Es ist sehr befreiend, wenn du dir klarmachst, dass du das, was du tust, im Grunde immer nur tust, weil du es tun willst. Es befreit dich von der Sklaverei des Müssens.

Es gibt immer Alternativen ...

Du kannst deine Einstellung zum »Müssen« jetzt und hier schon verändern. Vielleicht wird das zu anderen Entscheidungen und äußeren Veränderungen führen; vielleicht ändert sich äußerlich aber auch nichts – innerlich jedoch ganz bestimmt einiges ...

➤ *Überlege dir einmal ein paar Dinge, von denen du widerwillig sagst,*
dass du sie tun musst. Schreibe anschließend das unausgesprochene
»wenn ...« dazu. Und dann formuliere, was du tatsächlich willst!

• Ich muss _

wenn ich _

• Also will ich _

• Ich muss _

wenn ich _

• Also will ich _

• Ich muss _

wenn ich _

• Also will ich _

• Ich muss _

wenn ich _

• Also will ich _

▶ Ist es nicht befreiend, die Idee loszulassen, dass du äußerlich zu etwas
gezwungen bist? Zu erkennen, dass du alles, was du tust, aus unterschiedlichen
Gründen willst? Und was, wenn du es gar nicht willst? Dann lass es doch gleich los!

 ## ANSTRENGENDE MENSCHEN LOSLASSEN

Viele Menschen kreuzen täglich deinen Weg und einige begleiten dich sogar ein ganzes Stück auf deiner Reise. Neben deinem Partner, Kindern oder Eltern sind es vor allem Freunde, Kollegen, Bekannte und Verwandte, mit denen du Zeit verbringst. Und nicht immer tut dir das gut. Nervensägen, Langweiler, Störenfriede – sie alle kosten viel Energie. Nicht alle kannst du loswerden, aber einige von ihnen bestimmt ...

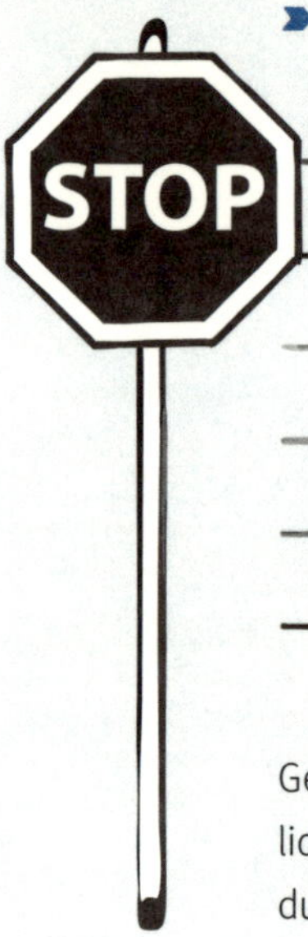

▶ *Hand aufs Herz: Von welchen Menschen würdest du dich gerne trennen?*

_____

_____

_____

_____

_____

_____

Gehe die Liste jetzt einmal durch: Könntest du durch ein paar klare, aber freundliche Worte den Kontakt abbrechen? Oder ihn zumindest einschränken, indem du dich klarer abgrenzt?

1) Ja, bei allen. ○

2) Vielleicht könnte das bei einigen gelingen. ○

3) Nein, bei keinem. ○

Falls du »3« angekreuzt hast und es dir schwerfällt, auf Abstand zu gehen: Was hindert dich eigentlich wirklich daran?

▶ *Was wären die Konsequenzen? Könntest du mit diesen nicht trotzdem*
(besser) leben?

_____

_____

_____

_____

_____

_____

▶ *Und wen möchtest du NICHT loslassen? Welche Menschen bereichern*
dein Leben? Wer schenkt dir Kraft und Energie?

_____

_____

_____

_____

_____

_____

▶ Bedenke: Je mehr Zeit du mit Menschen verbringst, die dir nicht am Herzen
liegen, desto weniger Zeit bleibt dir, die Freundschaften zu pflegen, die wirklich
wichtig sind.

DANKEN STATT JAMMERN

Merci, chérie!

Jammerst du oft? Bist du oft unzufrieden? Keine Sorge – das geht vielen Menschen so und ist zwar unangenehm, aber noch ziemlich normal. ABER: Auch Jammern ist eine Form von Festhalten und eine Variante negativen Denkens. Zum Glück gibt es ein ganz einfaches Gegenmittel: Bringe die Blume der Dankbarkeit in deinem Leben zum Erblühen!

Drei Dinge, für die ich dankbar bin, wenn ich an den heutigen oder gestrigen Tag zurückdenke:

1. _____

2. _____

3. _____

Drei Dinge, die ich in diesem Moment wahrnehmen kann und für die ich dankbar bin:

1. _____

2. _____

3. _____

Nice to know!

KLEINE DINGE, GROSSE WIRKUNG

Glücksforscher haben nachgewiesen, dass Dankbarkeit besser gegen Depressionen, Ängste und innere Unruhe wirkt als viele Medikamente. Und das Gute: Es geht hier nicht um Lottogewinne, denn vor allem Kleinigkeiten zählen. So kannst du etwa dankbar sein, weil der Tee lecker war, weil die Sonne schien, weil du einen schönen Film gesehen hast oder weil die neue Seife gut riecht ... Wenn du genauer hinsiehst, wirst du immer Dinge finden, für die du dankbar sein kannst.

LOSLASS-AFFIRMATIONEN

Yes, I can!

★ ★ ★

Affirmationen sind Sätze, die eine Haltung bewusst ausdrücken und bekräftigen. Diese »Power-Sätze« funktionieren, da sie wie selbsterfüllende Prophezeiungen wirken. Wenn du bestimmte Sätze in einem sehr entspannten Zustand sprichst und mehrmals wiederholst, wirken sie sich auf dein Unterbewusstsein aus und können sogar dann Veränderungen bewirken, wenn »du selbst« (dein Bewusstsein) zunächst gar nicht an diese Aussagen glaubst. Das glaubst du nicht? Probiere es aus!

➤ *Setze dich bequem und aufrecht hin. Schließe die Augen. Atme einige Male entspannt durch. Und wiederhole dann in Gedanken jeweils einen Satz deiner Wahl. Wiederhole ihn mindestens fünfmal. Du kannst den Satz natürlich auch flüstern oder leise aussprechen:*

(Einatmen): Ich lasse meine/mein ....
(Ausatmen) JETZT los.

(Du kannst einsetzen, was immer passt – zum Beispiel kannst du deine Wut, deine Kontrollsucht oder deine Hemmungen loslassen, deine Sorgen oder Gier ...)

➤ *Überlege dir noch mindestens drei Varianten. Was willst du noch loslassen? Wiederhole jeden Satz mindestens fünfmal.*

(Einatmen): Ich lasse meine/mein ....
(Ausatmen) JETZT los.

(Einatmen): Ich lasse meine/mein ....
(Ausatmen) JETZT los.

(Einatmen): Ich lasse meine/mein ....
(Ausatmen) JETZT los.

KLEINE SÜCHTE, GROSSE SÜCHTE

Abends eine halbe Tafel Schokolade, am Wochenende ein paar Stunden vor dem Fernseher – das ist doch wohl keine Sucht, oder doch? Kommt drauf an: Wenn dein Glück davon abhängig ist, regelmäßig bestimmte Dinge zu bekommen, da du dich ohne sie nicht zufrieden fühlen kannst, bist du jedenfalls nicht mehr frei. Natürlich lassen sich klassische Süchte wie Alkoholsucht nicht mit der Lust auf Süßes vergleichen. Doch immer gilt, dass Abhängigkeiten dich innerlich an die Kette legen wie einen armen Hund und meist einen großen Teil deines Denkens und Handelns in Beschlag nehmen.

Sich von Suchtmechanismen zu befreien ist schwierig, aber durchaus nicht unmöglich. Wichtig ist, dass du dich *entscheidest*, und der erste Schritt besteht darin, sehr ehrlich zu dir selbst zu sein.

➤ Kreuze spontan an, wie du dich einordnest.

» Suchtmittel «	Ich bin gar nicht süchtig	Es besteht Sucht- gefahr	Ich bin süchtig danach
Alkohol			
Zigaretten, Nikotin			
andere Drogen			
Zucker, Süßes			
Sex			
Internet, Surfen, Fernsehen			
Spielsucht			
Diäten, Fitnesstraining			
Problematisieren, Jammern			
Einkaufen, Konsumieren			

Natürlich gibt es Suchtzustände, aus denen man nicht mehr alleine herauskommt und wo man therapeutische Hilfe in Anspruch nehmen sollte, wie etwa eine Alkoholsucht. Doch das sind Extremfälle. Viel häufiger sind die »kleinen, alltäglichen Abhängigkeiten«, wie zum Beispiel die Angewohnheit, nie »Nein« sagen zu können oder jeden Tag auf die Waage zu steigen …

Fallen dir noch weitere Abhängigkeiten ein, die dich einschränken?

_____

_____

_____

_____

Und nun die entscheidende Frage: Wonach suchst du wirklich? Im Wort »Sucht« steckt nämlich »sucht«. Was würde deinem Leben einen tieferen Sinn verleihen?

_____

_____

_____

_____

_____

_____

_____

LASS DEN UNGLÜCKSRABEN FLIEGEN

Was auch immer dich derzeit belastet und dir das Leben schwer macht, ob es nur den heutigen Tag betrifft, ob es aus deiner Vergangenheit kommt oder sich sorgenvoll in die Zukunft richtet: Es erzeugt ein Gefühl der Schwere. Diese Schwere zieht an dir und normalerweise kannst du das Beschwerende nicht so einfach loslassen. Oder vielleicht doch? Wo psychologische Strategien nicht weiterhelfen, sind einfache Rituale oft sehr wirkungsvoll. Probiere doch einmal ein einfaches, kleines »Loslass-Ritual« aus, das dir zeigt, wie es sich anfühlt, das Unglück loszulassen.

➤ *Nimm ein leeres DIN-A-4-Blatt und schreibe das, was dich beschwert, in großen Buchstaben darauf. Es reicht ein Wort oder ein kurzer Satz – zum Beispiel »ANGST«, »SORGE UM MEINEN JOB« oder »WUT AUF TANJA«. Und jetzt falte den »Unglücksraben«, wie auf der Anleitung hier unten gezeigt. Dann … lass ihn fliegen!*

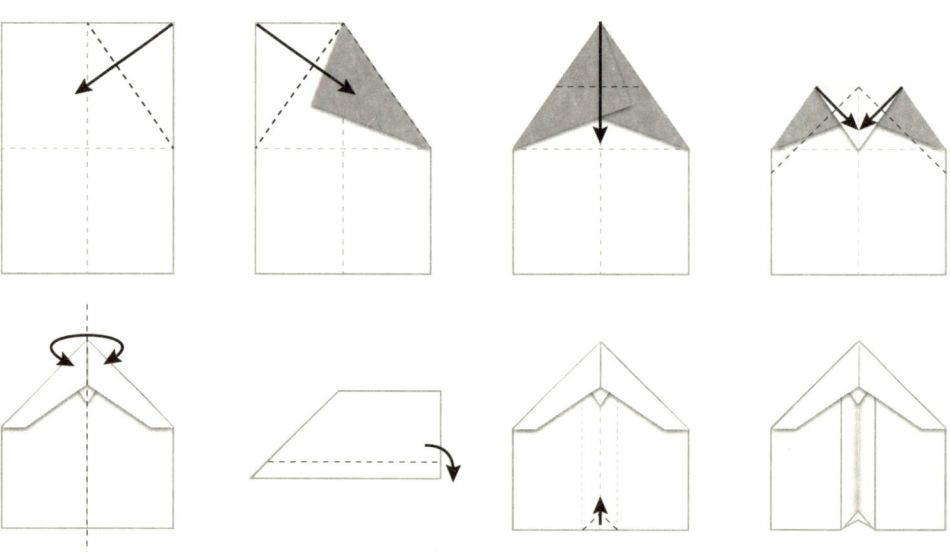

WERDE DIR DEINER FREIHEIT BEWUSST

Je mehr du loslässt, desto freier wirst du werden. Doch Freiheit ist auch etwas, was durch deine Sichtweise entsteht. In vielen Dingen bist du wahrscheinlich längst freier, als du glaubst. Konzentrierst du dich vermehrt auf die Bereiche deines Lebens, in denen du (zumindest kleine) Freiheiten genießen kannst, so wird das Gefühl von Belastung und Schwere mehr und mehr verschwinden. Probiere es aus:

➤ *In welchen Augenblicken deines Lebens kannst du selbst entscheiden? In welchen Situationen bist du frei, genau so zu handeln, wie du willst? Wann und in welchen Dingen entscheidest einzig und allein du?*

(Beispiel: Ich entscheide, was ich heute frühstücke.
Oder: Ich entscheide, ob ich heute den Bus nehme oder ins Auto steige.)

Ich entscheide, _

Ich entscheide, _

Ich entscheide, _

Ich entscheide, _

Ich entscheide, _

Ich entscheide, _

Nice to know!

DEINE ENTSCHEIDUNG!
»Die größte Entscheidung deines Lebens liegt darin, dass du dein Leben ändern kannst, indem du deine Geisteshaltung änderst.« (Albert Schweizer)

★★★ LOSLASS-MIKADO

Was macht dich aus? Was könntest du alles loslassen, ohne dich selbst dabei zu verlieren? Willst du es herausfinden? Dann spiel doch einfach »Loslass-Mikado«. Sicher kennst du das Spiel »Mikado«, bei dem man Stäbchen aus einem wirren Haufen ziehen muss, ohne dass etwas wackelt? Probier doch als Gedankenexperiment einmal aus, behutsam einige Teile aus deiner Persönlichkeit »herauszuziehen«, ohne dass das Wesentliche, das, was dich wirklich ausmacht, dabei ins Wackeln kommt. Vielleicht wirst du staunen, wenn du merkst, wie viel du »von dir wegnehmen kannst« ohne dich im Kern zu verlieren ...

➤ Schreibe einmal auf, was du an wichtigen (materiellen) Dingen besitzt:

_____

_____

_____

_____

... und jetzt: Streiche die Dinge durch, die dein Leben nicht großartig verändern würden, wenn sie fehlen würden.

➤ Schreibe auf, welche Menschen du gut kennst:

_____

_____

_____

_____

... und jetzt: Streiche die Menschen weg, deren Fehlen dein Leben nicht wirklich verändern würde.

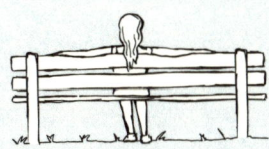

➤ *Schreibe deine zentralen Glaubensvorstellungen und Meinungen auf.*
Was »findest du«? Was glaubst du – von dir, vom Leben, von der Welt ...?

_____

_____

_____

_____

_____

_____

_____

... und jetzt: Streiche mal alle Glaubenssätze durch, auf die du gut verzichten
könntest, ohne dich dabei aufzugeben.

➤ *Was bleibt von dir? Was ist wirklich wesentlich, was ist der Kern?*
Worauf kannst du auf gar keinen Fall verzichten?

_____

_____

_____

_____

_____

LEBE DEINE WERTE!

Jeder Mensch hat bestimmte Lebensprinzipien, von denen er auf keinen Fall abweicht – oder es zumindest nicht tun sollte. Diese Grundsätze sind Werte. Sieh dir einmal die folgende Liste mit Werten an und streiche alle durch, die für dein Leben keine so zentrale Rolle spielen. Natürlich gibt es viel mehr Werte, als in der Liste stehen. Wenn du einen Wert findest, schreibe ihn einfach dazu!

Abenteuer	Freiheit	Kreativität	Schönheit
Aktivität	Freude	Lehren	Selbstständigkeit
Ansehen	Freundschaft	Leistung	Sicherheit
Begeisterung	Frieden	Lernen	Spaß
Bewegung	Gemeinschaft	Liebe	Spiritualität
Dienen	Gerechtigkeit	Macht	Toleranz
Ehrlichkeit	Gesundheit	Menschlich-keit	Veränderung
Einfachheit	Glück	Mut	Verantwortung
Einzigar-tigkeit	Harmonie	Ordnung	Wahrheit
Erfüllung	Heraus-forderung	Offenheit	Weisheit
Erkenntnis	Humor	Religion	Weltverbesserung
Fähigkeit	Individualität	Ruhm	Würde

Weitere Werte, die mir wichtig sind:

_____

_____

UM WELCHE WERTE GEHT ES DIR?

Du kannst prüfen, ob ein Wert wirklich eine Bedeutung für dein Leben hat, indem du dir Situationen ins Gedächtnis rufst, in denen der betreffende Wert missachtet oder verwirklicht wurde. Wenn du bei einem Wert sowohl stark negativ reagierst, wenn er missachtet wird, als auch stark positiv, wenn er verwirklicht wird, spielt er eine zentrale Rolle in deinem Leben.

➤ *Male die Welt deiner Werte: Verteile die Werte, die wichtig für dich sind, gleichmäßig auf der Kreisfläche. Und dann male »Kontinente« – je bedeutsamer ein Wert für dich ist, desto mehr Fläche nimmt er ein.*

Der »Ozean«, in dem deine Werte die Kontinente sind, sind die Teile deines Geistes, die nicht von diesen Werten bestimmt sind, das was unsicher, flexibel und veränderlich ist.

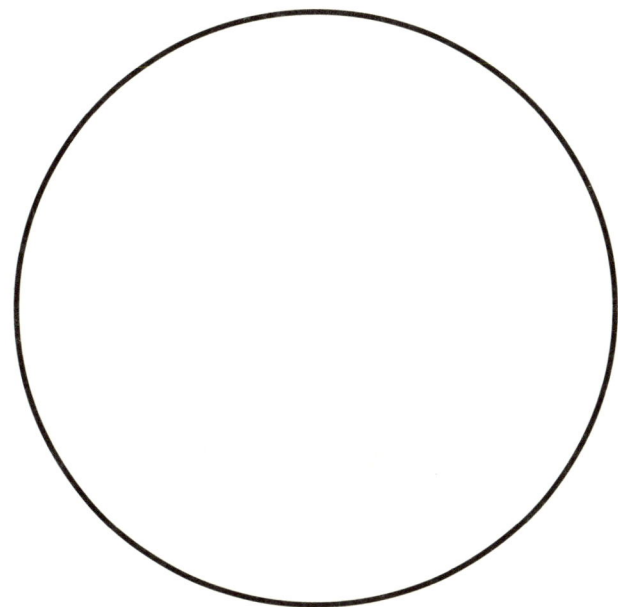

 Brauch ich nicht!

Wie frei bist du? Vielleicht freier, als du denkst! Oft folgen wir unser halbes Leben lang alten Mustern, die uns einschränken. Und das nur, weil wir gar nicht erst auf die Idee kommen, einmal was Neues auszuprobieren. Ändere das: Versuch doch einfach mal, nur eine Woche lang ein wenig zu »fasten«, indem du ein Genussmittel weglässt. Lass dich überraschen, was sich dadurch verändern wird.

1 Woche ohne Zucker

Lass in dieser Woche konsequent alle Süßigkeiten, Zucker als Zutat, Kuchen, Honig, Schokolade, Limonaden, Süßstoff und so weiter weg.

➤ *Notiere deine Erfahrungen: Wie ging es dir in dieser Woche? Wie hast du dich gefühlt? Hat dir was gefehlt oder ging es dir im Gegenteil sehr gut? Hattest du mehr oder weniger Energie als sonst?*

_____

_____

_____

_____

_____

⟩ Übungsalternative ⟨

Statt eine Woche auf Zucker zu verzichten, kannst du auch einmal eine Woche Fleisch, Alkohol oder Koffein (Kaffee und Schwarztee) streichen. Beobachte einfach nur, was sich ändert, ohne dich dabei unter Druck zu setzen.

BILANZ ZIEHEN: WAS IST MIR WIRKLICH WICHTIG?

Loslassen ist eigentlich ganz leicht. Sobald du erkennst, was wirklich wesentlich für dich ist, wirst du alles Unwichtige viel leichter loslassen können. Wenn du einen Diamanten in deiner Hand bewahrst, wirst du gar nicht auf die Idee kommen, schmutzige Steine zu sammeln. BEVOR du also loslassen kannst: Mach dir bewusst, was du AUF KEINEN FALL loslassen willst.

Drei Tätigkeiten, die ich unbedingt pflegen und beibehalten will:

1. _____

2. _____

3. _____

Drei Freundschaften oder Beziehungen zu Menschen, die ich weiter vertiefen will:

1. _____

2. _____

3. _____

Drei Gegenstände, die mir viel bedeuten und die ich auf gar keinen Fall loslassen will:

1. _____

2. _____

3. _____

Checklisten sind nicht selten die Ursache dafür, dass wir uns gefangen und eingeengt fühlen. Doch du kannst den Spieß ja auch mal umdrehen und Listen benutzen, um loszulassen und dich von Sorgen und Belastungen zu befreien. Solange dir deine Sorgen und Pflichten im Kopf herumkreisen, wirst du wahrscheinlich ziemlich gestresst sein. Die Gefahr ist groß, dass du dir dann mitten im Alltag (oder gerne auch beim Einschlafen) »den Kopf zerbrichst«. Darum ist es besser, einfach kurz aufzuschreiben, was dich beschäftigt. Verlagere das, was in deinem Kopf herumschwirrt, auf Papier, dann musst du nicht länger darüber nachdenken.

Wenn du auf Reisen gehst, hilft dir eine Liste, deinen Koffer viel schneller und effektiver zu packen; die Wahrscheinlichkeit, dass du etwas vergisst, ist dann zudem viel kleiner, als wenn du ständig überlegen musst, was noch mitmuss. Dasselbe gilt fürs Einkaufen: Eine Einkaufsliste schützt dich davor, Sachen zu vergessen oder aber Dinge zu kaufen, die du gar nicht brauchst.

Und wie kannst du nun Sorgen entsorgen? Ganz einfach: Gedanken und Gefühle, die immer wieder ungebeten auftauchen, wollen dir etwas sagen und ernst genommen werden. Statt dich in ihnen zu verstricken und zu grübeln, kannst du wiederkehrende Gedanken oder Gefühle einfach mal auf eine Liste schreiben. Wenn sie dort festgehalten sind, wird dein Unterbewusstsein sie leichter loslassen können und nicht immer wieder in den Vordergrund schieben. Lies die Liste nach einem Monat noch einmal durch – du wirst wahrscheinlich staunen, dass sich einige mentale Probleme bis dahin in Luft aufgelöst haben ...

▶ *Notiere Gedanken, Ansichten oder Meinungen, die dir nicht guttun:*

▶ *Notiere wiederkehrende Sorgen oder belastende Emotionen:*

▶ *Notiere »Ich sollte ...«-Sätze, die bei dir unangenehme Gefühle aus-lösen:*

DIE OPFERROLLE LOSLASSEN

Erstaunlich viele Menschen denken, dass sie passive Opfer der Umstände sind. Hast auch du das Gefühl, dass dir alles Mögliche widerfährt und du eigentlich kaum einen Einfluss auf das hast, was in deinem Leben geschieht?

Lasse die Opferrolle los! Sie tut dir nicht gut. Das einzig Positive ist, dass sie dein Unterbewusstsein ein bisschen beruhigt: »Es geschieht mir – ich kann also nichts tun und muss deshalb auch nicht tätig werden ...« Natürlich geschehen Ereignisse – vom Lottogewinn bis zum unverschuldeten Unfall. Alles geschieht irgendwie und selbstverständlich kannst (und solltest) du nicht alles kontrollieren. Andererseits: Wie du reagierst, das bestimmst du ganz allein!

➤ *Ordne einmal die folgenden Wörter den beiden Kreisen »Opferrolle« und »Macherrolle« zu:*
problemorientiert, aktiv, ich tue, passiv, mir geschieht, lösungsorientiert, kraftvoll, handeln, leiden, vorwärtsgewandt, erschöpft, machtlos

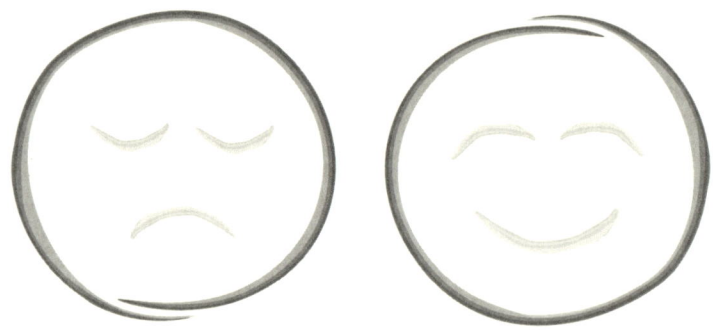

➤ *Versuche, von der Opferrolle zum aktiven Mitgestalter zu wechseln. Schreibe auf, wo du dich als Opfer empfindest. Formuliere es genauer: Was ist deine Rolle dabei? Und jetzt schau mal, wie du die Opferrolle loslassen und lösungsorientiert handeln kannst, indem du aktiver wirst.*
Beispiel:

Opfer: Mein Chef behandelt mich herablassend.

Ich: Ich lasse mich von meinem Chef herablassend behandeln.

Aktiver: Beispielsweise lache ich darüber, spreche es gegenüber dem Chef an, reagiere mit Ironie, suche mir einen neuen Job oder übe mich in Gelassenheit und lasse die Herablassung an mir abgleiten.

Und jetzt du:

Opfer: _

Ich: _

Aktiver: _

_ _

_ _

Opfer: _

Ich: _

Aktiver: _

_ _

_ _

Opfer: _

Ich: _

Aktiver: _

_ _

_ _

Bye bye!

 # PROBLEME JETZT LOSLASSEN

Wenn du deine Probleme wirklich loslassen willst, weil du sie gründlich satthast, dann solltest du zwei Dinge wissen:

1. Die meisten Probleme entstehen im Kopf oder, anders gesagt, sie sind selbst gemacht. Deine Gedanken und Gefühle sind nämlich entscheidender als das, was im Außen passiert.
2. Sobald du deine Aufmerksamkeit ganz auf eine Sache lenkst, kann sie nicht zugleich bei einer anderen sein. Es geht also immer nur entweder ... oder.

Im Klartext bedeutet das, dass du alle Probleme und Sorgen in dem Moment über Bord wirfst, in dem du deinen Geist befreist. Statt dich in die Geschichten hineinziehen zu lassen, die dir dein Kopf erzählt, und dich in Grübeleien zu verstricken, kannst du deine Aufmerksamkeit jederzeit auf das lenken, was du IN DIESEM AUGENBLICK tatsächlich spürst, hören und sehen kannst.

➤ *Halte mitten im Alltag (am besten mehrmals) kurz inne. Setze dich hin, atme einmal tief durch und frage dich:*

Was ist in diesem Augenblick wirklich da? Was passiert jenseits meiner Gedanken in der wirklichen Welt um mich herum? Was kann ich unmittelbar erfahren?

➤ *Notiere drei Dinge, die du in diesem Moment sehen kannst:*

1. _____

2. _____

3. _____

➤ *Schließe nun die Augen und achte auf die Geräusche um dich herum.*
Notiere anschließend drei Dinge, die du gerade gehört hast.

1. _____

2. _____

3. _____

➤ *Lasse die Augen geschlossen und lenke die Achtsamkeit auf deinen*
Körper. Wie ist deine Haltung, spürst du Körperempfindungen wie
Kribbeln, Wärme oder Schmerzen? Notiere hier drei Dinge, die du in
deinem Körper spüren konntest.

1. _____

2. _____

3. _____

Nice to know!

STRESS IST REINE KOPFSACHE

Schon Epiktet schrieb: »Nicht die Dinge selbst beunruhigen den Menschen, sondern seine Meinungen und Urteile über die Dinge.« Vor einigen Jahren konnte der US-Psychologe Richard Lazarus nachweisen, dass es weniger die Stressreize wie Lärm, Termindruck oder Veränderungen am Arbeitsplatz sind, die Stress erzeugen, sondern vor allem unsere Reaktionen und Bewertungen. Ebenso wie Probleme entsteht also auch Stress zu einem großen Teil in unserem Kopf. Ob du gestresst bist oder nicht, hängt davon ab, ob du eine Situation als Bedrohung oder Herausforderung ansiehst, ob du dagegen ankämpfst oder sie akzeptierst und wie du sie bewertest. Was auch immer das Leben an unangenehmen Überraschungen bereithält – deine Reaktion zählt. Und jedes Mal, wenn du es schaffst, gelassen zu reagieren, trainierst du deine »Loslass-Muskeln«.

SEI GANZ BEI DEM, WAS DU TUST

Willst du das Unwesentliche loslassen? Dann sammle dich und richte deine Konzentration auf das Wesentliche. Und was ist das? Wesentlich ist immer der Mensch, dem du jetzt gerade begegnest, der Augenblick, in dem du jetzt gerade lebst, oder die Tätigkeit, die du jetzt gerade tust.

➤ *An jedem Tag deines Lebens tust du unendlich viele Dinge. Kannst du ganz bei dem bleiben, was du gerade tust? Beobachte dich und dann kreuze das Zutreffende an:*

Das hab ich heute getan	Es war mir unmöglich, unabgelenkt dabei zu bleiben	Voll da zu sein ist mir nur teilweise gelungen	Es war ganz leicht, achtsam bei meinem Tun zu sein
Autofahren	○	○	○
Frühstücken	○	○	○
Duschen/Baden	○	○	○
Geschirr spülen	○	○	○
Zuhören	○	○	○
Lesen	○	○	○
Telefonieren	○	○	○
Treppen steigen	○	○	○
Zähne putzen	○	○	○

ACHTSAM ATMEN UND ENTSPANNEN

Die folgende Übung ist eine einfache Form der Atemmeditation. »Meditation« klingt für dich vielleicht ein wenig abgehoben, aber du wirst sehen, dass es nicht nur ganz natürlich, sondern auch sehr wohltuend ist, in deine Mitte zurückzufinden.

- Setze dich bequem hin – auf einen Stuhl oder ein Meditationskissen. Schließe die Augen und achte darauf, dass dein Rücken gerade ist. Sitze aufrecht und wach, aber zugleich entspannt. Schultern, Gesicht und Hände sollten ganz locker sein.
- Lass den Atem entspannt kommen und gehen und versuche, den Alltag hinter dir zu lassen.
- Lenke deine Achtsamkeit dann auf folgende Sätze, während du weiter auf natürliche Weise ein- und ausatmest:

»Ich atme ein und spüre meinen Körper ... Ich atme aus und entspanne meinen Körper ... « (Wiederhole das fünfmal.)

»Ich atme ein und beobachte meine Gedanken ... Ich atme aus und lasse meinen Geist zur Ruhe kommen ... « (Wiederhole das fünfmal.)

- Wenn möglich, dann führe den Zyklus noch ein- oder zweimal aus.

▶ *Notiere deine Erfahrungen. Was hast du bei der Übung gefühlt, gedacht oder gespürt?*

_____

_____

_____

_____

_____

_____

 **DEINE PROBLEME SIND NICHT MEIN PROBLEM**

Not my piece of cake!

Bist du zufällig als PsychotherapeutIn tätig? Wenn nicht, dann solltest du dich nicht zu viel mit den Problemen anderer Leute beschäftigen. Und wenn doch, dann solltest du genug Geld dafür verlangen, denn es kostet dich sehr viel Energie, die Belastungen anderer auf deine Schultern zu laden. Vergiss nicht – jeder hat schon genug eigene Lasten zu tragen.

Wenn deine Freundin dir etwas von ihrem Chef vorjammert oder deine Schwiegermutter dich ewig ans Telefon fesselt, um dir von ihren Problemen mit ihrem Garten zu erzählen, gibt es nur eine vernünftige Reaktion: Sage klar und deutlich: »That's not my business! Das ist einfach nicht meine Sache!«

Wenn du nicht rechtzeitig »Stopp« sagst, werden die anderen in ihrer Opferrolle nur noch bestärkt.

Dich abzugrenzen bedeutet natürlich nicht, dass du Mauern um dich errichten solltest. Um Egoismus geht es nicht. Gehe daher in zwei Schritten vor:

➤ *Schritt 1: Mit welchen »Problemen« anderer wirst du regelmäßig konfrontiert? Wähle drei typische aus:*

1. _

2. _

3. _

➤ *Schritt 2: Unterscheide, ob es ein »echtes« Problem ist oder nicht.*

● Ein Beispiel für ein echtes Problem: Jemand ist vom Rad gestürzt und braucht ein Pflaster. Selbstverständlich wirst du ihm/ihr helfen.

● Ein Beispiel für ein vermeintliches Problem: Deine Nachbarin sorgt sich, dass ihre Tochter den falschen Freund hat. Hier kannst du natürlich mitfühlend sein, doch du solltest dir klarmachen, dass das NICHT DEIN PROBLEM ist.

➤ *Gehe nun die nebenstehende Liste mit den Problemen deiner Mitmenschen noch einmal durch und kreuze die entsprechenden Spalten an:*

	Echtes Problem: Hier kann und will ich helfen	»Jammer-Problem«: Hier sage ich (innerlich): »Stopp!«
Problem Nummer 1		
Problem Nummer 2		
Problem Nummer 3		

WENIGER IST MEHR: DER MINIMALISMUS

Wie viel brauchen wir wirklich, um glücklich zu sein? Oder besser gesagt: wie wenig? Das versuchen die sogenannten »Minimalisten« herauszufinden. Immer mehr Menschen beginnen damit, konsequent alles Unwichtige aus ihrem Leben zu verbannen. Ob Geld, Besitztümer, äußere Einflüsse oder unnötige Einkäufe – je weniger wir anhäufen, desto freier werden wir. Wie viele Kleider, Möbel, Bücher, Fernsehsender, Diäten, teure Urlaube oder Joghurtsorten brauchst du wirklich? Wahrscheinlich sehr viel weniger, als du glaubst ... Finde es heraus!

UMGIB DICH NUR MIT WESENTLICHEN DINGEN

Es ist leicht, im Laufe der Zeit jede Menge Zeug anzusammeln. Sehr viel schwerer ist es, die vielen Sachen auch wieder loszulassen. Entrümpeln tut gut und entlastet dich – sowohl äußerlich als auch innerlich. Befreie dich von allem Unnötigen! Du kannst erst mal klein anfangen und nur eine Schublade ausmisten. Doch früher oder später solltest du in Ruhe durch die Zimmer deiner Wohnung gehen, dir alle Gegenstände, ob Möbel, Geschirr, Kleider, Bücher oder CDs, anschauen und überlegen:

• Was brauche ich nicht mehr? Was liegt oder steht hier nur unbeachtet herum?
• Hatte ich den Gegenstand im Lauf der letzten 12 Monate in der Hand?
• Funktioniert der Gegenstand überhaupt noch?
• Liegt er mir am Herzen?

➡ *Und jetzt: Suche zehn Gegenstände, die du so schnell wie möglich loslassen wirst:*

(Beispiele: Bild im Schlafzimmer, Vase auf dem Regal, Zeitschriften im Bad …)
Nummeriere anschließend am Rand, welche du davon zuerst entsorgen wirst.

1. _   ◯

2. _   ◯

3. _   ◯

4. _   ◯

5. _   ◯

6. _   ◯

7. _   ◯

8. _   ◯

9. _   ◯

10. _   ◯

⟩ Übungsalternative ⟨

Wohin damit?

Genauso wichtig wie das Entrümpeln ist natürlich die Frage, wohin die Dinge sollen, die du nicht mehr (wirklich) brauchst. Die meisten davon können wiederverwertet und für gute Zwecke verwendet werden. Nur Müll muss auf den Müll, ansonsten kann fast alles recycelt oder verschenkt werden:

• Bringe Papiermüll wie Bücher oder Zeitschriften zum Altpapier.

• Lasse Kaputtes reparieren (oder repariere es selbst).

• Liefere Holz, Metall, Plastik, Elektroschrott usw. auf dem Wertstoffhof ab.

• Bringe Dinge, die du ausgeliehen hast, wieder zurück.

• Verschenke, spende oder verkaufe Dinge, die gut erhalten sind.

DIE VERGANGENHEIT LOSLASSEN UND ...

Der Blick in deine Vergangenheit kann dich belehren, dir helfen, dich selbst zu verstehen, oder gute Gefühle durch schöne Erinnerungen wachrufen. Er kann aber auch deprimieren, traurig machen, verbittern, Wut erzeugen, verzweifeln lassen. Es ist gut, sich ab und zu die Vergangenheit anzusehen, um sich seiner Quellen bewusst zu werden und Lehren aus seinen Erfahrungen zu ziehen. Doch das reine Wiederholen des Vergangenen ist kein Verarbeiten, sondern Einüben des bereits Durchlebten – und das schadet leider mehr als es nützt.

Ebenso wie für die Zukunft gilt auch für die Vergangenheit: Sie ist nur in deinem Bewusstsein vorhanden, aber hat sonst keine Realität.

▶ *Schreibe mal auf, in welchen Situationen du mit deinen Gedanken in die Vergangenheit flüchtest:*

... DIE ZUKUNFT LOSLASSEN

Gedanken an die Zukunft können gute Gefühle erzeugen und dich motivieren, deine Herzensziele zu erreichen – prima! Doch ständig an die Zukunft zu denken kann auch schlechte Gefühle mit sich bringen. Gerade dann ist ganz wichtig, dass du dir immer klar darüber bist, dass die Zukunft nicht existiert. Sie ist ein reines Gedankenspiel. Es ist völlig in Ordnung, auch mal zu spielen; doch wenn du an Unwirklichem festhältst, bedeutet das, dass du etwas loslässt, das wirklich da ist: die Gegenwart!

➤ *Notiere, in welchen Situationen du gedanklich in die Zukunft flüchtest:*

_____

_____

_____

_____

_____

_____

WAS KOMMT IN DEN KOFFER?

Das Leben ist eine Reise durch ein unbekanntes Land. Du weißt nicht, was dir begegnen wird. Auf eine Reise nimmt man ja in der Regel ein wenig Gepäck mit: Was kommt in deinen Koffer? Wie viel du auf die Reise mitnimmst, hängt natürlich von der Größe des Koffers ab.

- **Ein Container**: Du kannst praktisch alles hineintun, aber fortbewegen kannst du dich nicht.
- **Ein Überseekoffer**: Da passt viel rein, aber das Herumschleppen ist mühsam und du kommst ins Schwitzen.
- **Ein Reisekoffer**: Wenn er Rollen hat, kannst du ihn ganz gut transportieren, solange der Weg eben ist. Und es passt relativ viel hinein.
- **Ein Rucksack**: Da passt natürlich nur das Nötigste hinein – andererseits kommst du damit auch über Wiesen, Felder, Wälder und Berge.

Die Größe des Koffers ist ein wichtiger Aspekt. Was brauchst du für dein Glück? Sicherheit und die Gewissheit, auf alles vorbereitet zu sein? Oder eher das Gefühl der Leichtigkeit und Beweglichkeit? Bist du bereit, dafür auf ein paar Dinge zu verzichten? Doch noch wichtiger als die Art des Koffers ist die Entscheidung, was du einpackst.

▶ *Male dir doch mal eine Packliste für deine Lebensreise. Überlege dir zuerst, was dir wichtig ist, wähle dann die Größe des Koffers und male Symbole für das, was du mitnehmen willst.*

1. Schritt: Was erwartest du dir von deiner Lebensreise? Wie willst du dich dabei fühlen?

_____

_____

_____

2. Schritt: Wähle dein Gepäckstück! Wie viel Platz brauchst du?

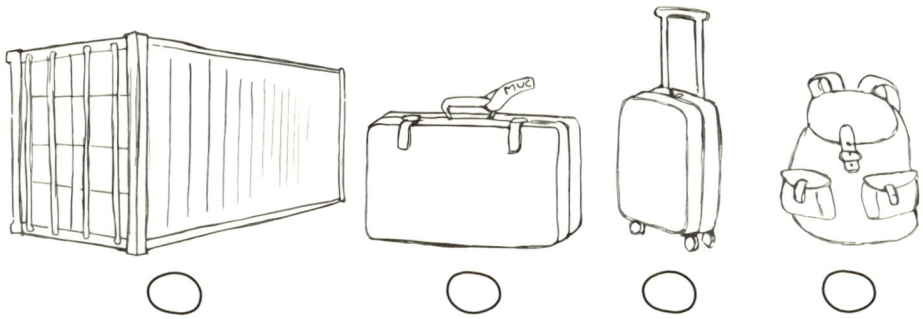

3. Schritt: Wähle dein Gepäck – was kommt mit? Male Symbole für Dinge, Menschen, Träume, Gefühle usw.

 **GEISTIGE ALLERGENE**

Manche Menschen sind auf Pollen allergisch. Andere vertragen keine Milchprodukte. Doch es gibt auch eine Reihe an mentalen Allergenen. Welche Reize sind es, auf die du allergisch reagierst und die dich aus der Fassung bringen? Je besser du weißt, wie du tickst, desto leichter kannst du gegensteuern ...

» Allergieauslöser «	Lässt mich eher kalt	Nervt ein bisschen	Bringt mich auf die Palme
Bellende Hunde in der Nachbarschaft			
Aufdringliche/anstrengende Kollegen			
Regentage			
Unfreundliche Verkäufer/Kellner			
Tobende/schreiende Kinder			
Drängler auf der Autobahn			
Überforderung im Job			
Lange Warteschlangen, Staus			
Ein Partner, der nicht zuhört			
Eine abfällige Bemerkung			
Düstere Nachrichten im TV			
Mein eigenes Scheitern			
Streit mit meinem Partner, den Kindern oder Freunden			

Während dein Körper automatisch auf äußere Allergene reagiert, bist du nicht dazu verurteilt, auf Nervensägen genervt zu reagieren. Gelassenheit lässt sich lernen – es gibt viele Gelegenheiten und bestimmt kannst du schon heute üben, tief durchzuatmen und innerlich loszulassen.

DIE FARBE DER FREIHEIT

Loslassen müssen wir nur, was uns belastet. Du kannst lange analysieren, was dich belastet und was Freisein für dich bedeutet – und oft ist das auch gut. Aber es gibt auch eine intuitivere Methode: Zapfe die Weisheit deines Unterbewusstseins an. Nimm ein paar Buntstifte oder einen Aquarellkasten.

Welche Farbe haben deine Belastungen? Haben sie eine Form?
Male einfach drauflos:

Welche Farbe hat die Freiheit? Wie könnte sie aussehen?

45

DES KAISERS ALTE KLEIDER

Im Märchen von Hans Christian Andersen hätte der Kaiser gut daran getan, seine alten Kleider zu behalten, denn die neuen waren aus »unsichtbarem Stoff«, was den armen Kaiser ziemlich alt oder besser, gesagt, nackt aussehen ließ. Für dich gilt jedoch wahrscheinlich ebenso wie für die meisten von uns, dass du viel mehr Kleider hast, als du wirklich brauchst.

Wusstest du, dass hierzulande knapp eine Million Tonnen Altkleider pro Jahr anfallen? An sich ist das auch ganz gut, denn indem wir regelmäßig unseren Kleiderschrank ausmisten, geben wir den Kleidern eine zweite Chance. Ein Teil davon wird für gute Zwecke in Secondhand-Shops verkauft, der Großteil geht an Recycling-Unternehmen, die das verdiente Geld Wohltätigkeitsorganisationen zugutekommen lassen.

➤ *Wirf einmal einen kritischen Blick auf deine Garderobe!*

➤ Ausmisten in 4 Schritten

Für das Ausmisten solltest du dir etwas Zeit nehmen und dein Telefon ausschalten. Gehe dann in vier Schritten vor:

1. Versuche zunächst, einen Überblick zu gewinnen: Es hilft nichts – nimm alles aus dem Schrank und breite es sortiert nach Hosen, Oberteilen, Jacken etc. auf deinem Bett aus. Hole auch deine Schuhe ins Zimmer.

2. Welche Sachen hattest du die letzten zwölf Monate kein einziges Mal an? Wo sind die »Ladenhüter«? Sortiere als Erstes aus, worauf du gut verzichten kannst.

3. Jetzt wird es schwieriger, denn nun musst du sehr ehrlich zu dir sein: Sortiere die Kleidung aus, die zwar hübsch ist oder teuer war, dir aber nicht mehr passt. Ebenso alles, was du früher gern getragen hast, aber wohl nie mehr anziehen wirst.

4. Lagere Erinnerungsstücke wie das Hochzeitskleid, die alte Lederjacke oder deine ersten teuren Pumps aus. Lege sie in einen Karton, den du in den Keller bringst.

Loslassen kannst du Tag für Tag üben: indem du dich von schlechten Gewohnheiten befreist, indem du dich von Nervensägen löst oder eben einfach auch nur, indem du alte Kleider rauswirfst.

➤ Von wie vielen Kleidungsstücken kannst du dich heute verabschieden?

1 - 3	○	☹
4 - 6	○	😐
6 - 10	○	☺
mehr als 10	○	😄

Wovon lässt du dich in deinem Leben leiten – von deinen Pflichten oder eher von deinem Freiheitsdrang? Kreuze das Passende für dich an und finde heraus, was du loslassen solltest.

Was denkst du über Regeln?

☐ Regeln und Vorschriften sind unverzichtbar.

◯ Gewisse Regeln geben Orientierung.

☐ Regeln helfen, miteinander zurechtzukommen.

◇ Eigene Entscheidungen sind besser als Regeln.

⬠ Regeln sind dazu da, gebrochen zu werden.

Pflichten komme ich nach!

☐ Unbedingt!

◯ Meistens zumindest.

☐ Wenn es sinnvoll ist.

◇ Wenn es mir nützt.

⬠ Eher nicht.

Wenn Vorschriften gebrochen werden, ...

☐ ... steigt Wut in mir auf.

◯ ... habe ich ein ungutes Gefühl.

☐ ... kommt es darauf an, um welche es sich handelt.

◇ ... ist mir das prinzipiell egal.

⬠ ... finde ich das meist gar nicht schlecht.

Manche Dinge tut man einfach – ...

☐ ... das gehört sich so.

◯ ... und dafür gibt es gute Gründe.

☐ ... zumindest, wenn es andere sonst verletzt.

◇ ... ich meine aber, man sollte darüber nachdenken.

⬠ ... ja, man vielleicht; ich aber nicht.

Meine Ansichten sind unverrückbar, ...

☐ ... denn ich weiß, was richtig und falsch ist.

○ ... denn ich habe gründlich darüber nachgedacht.

▯ Wenn ich etwas Neues erfahre, ändern sie sich.

◇ Nein, natürlich nicht. Dinge ändern sich doch.

▱ Höchstens die Ansicht, dass ich keine habe.

Ich finde Menschen, die sich ihren Verpflichtungen entziehen ...

☐ ... unerträglich. Sie sollten Konsequenzen spüren.

○ ... nervig. Ich komme mit ihnen nicht zurecht.

▯ ... manchmal ein wenig feige und unzuverlässig.

◇ ... ganz normal. Es kommt auf die Verpflichtung an.

▱ ... sympathisch, da sie sich nicht einengen lassen.

Sicherheit ...

☐ ... ist ein absolutes Grundbedürfnis.

○ ... ist mir schon sehr wichtig.

▯ ... ist gut, wenn sie nicht zu sehr einengt.

◇ ... ist oft eine Illusion.

▱ ... ist meist nur eine Ausrede für Kontrolle.

Über Pflicht und Freiheit denke ich, dass ...

☐ ... Freiheit ihre Grenze in Pflichten findet.

○ ... sie sich gegenseitig ergänzen.

▯ ... sie sich die Waage halten sollten.

◇ ... im Zweifel die Freiheit wichtiger ist.

▱ ... es unvereinbare Gegensätze sind.

▶ Wie viele ☐ ○ ▯ ◇ oder ▱ hast du jeweils angekreuzt?

☐ _ _   ○ _ _   ▯ _ _   ◇ _ _   ▱ _ _

➔ ➔ ➔ ➔ ➔

▶ Am häufigsten habe ich ☐ angekreuzt: Der Korrekte

Korrekt!

Regeln sind dir sehr wichtig. Du bist pflichtbewusst und verlässlich – und das schätzen andere an dir. Du nimmst Traditionen ernst und fühlst dich mit ihnen verwurzelt. Wenn Regeln gebrochen werden, ärgerst du dich, denn du bist überzeugt davon, dass alles seinen Platz hat. Du findest, dass Freiheit oft überschätzt wird.

Tipp: Wenn du etwas weniger an Regeln festhältst, wirst du weniger Spannungen erleben. Rufe dir manchmal ins Gedächtnis, dass Regeln ja für uns gemacht sind und nicht wir für die Regeln.

▶ Am häufigsten habe ich ◯ angekreuzt: Der Kontrollierte

Alles im Griff!

Auf dich kann man sich verlassen – und das erwartest du auch von anderen. Regeln, Pflichten und Traditionen geben Orientierung. Du hast darüber nachgedacht und findest, dass die Gesellschaft Ordnung braucht. Das klappt nur, wenn jeder seine Pflicht tut. Unpünktlichkeit und Unzuverlässigkeit magst du ganz und gar nicht.

Tipp: Manchmal stresst du andere mit deinen Erwartungen. Sie haben dann das Gefühl, dass du gerne alles kontrollieren willst ... und ganz unrecht haben sie damit nicht, oder? Ärgere dich nicht so sehr über Menschen, die nicht einen so gefestigten Charakter haben, und lass deine Erwartungen ein wenig los.

▶ Am häufigsten habe ich ☐ angekreuzt: Der Harmoniker

Love, peace and happiness

Du bist menschlich und dabei pragmatisch: Vorschriften, Regeln und Pflichten sollen den Menschen helfen, besser miteinander zurechtzukommen. Die persönliche Verantwortung spielt eine wichtige Rolle für dich.

Tipp: Du kannst gut loslassen. Mach weiter so. Entscheide und nimm dir verantwortungsvoll die Freiheit, die du brauchst.

▶ Am häufigsten habe ich ◇ angekreuzt: Der Unabhängige

Deine freie eigene Entscheidung ist für dich wesentlich. Du handelst nach der Vernunft: Nützt es? Ist es sinnvoll? Hilft es mir? Du willst dich selbst verwirklichen, gehst aber nicht über Leichen. Doch um unabhängig zu sein, müssen eben auch mal Regeln gebrochen werden.

Tipp: Mit deinem Freigeist stößt du Menschen manchmal vor den Kopf. Bezieh in deine Überlegungen auch die Gefühle anderer ein; das wird dir dein Leben erleichtern, ohne dich tatsächlich einzuengen.

▶ Am häufigsten habe ich ⬭ angekreuzt: Der Freiheitskämpfer

Alles, was dich einengt, ist dir ein Graus. Du brichst bewusst Regeln und willst dich nicht durch Verpflichtungen gefangen nehmen lassen. Dein starker Freiheitsdrang macht dich zu einem besonderen Menschen.

Tipp: Du merkst sicher, dass du oft Schwierigkeiten mit anderen Menschen hast. Lass die Idee los, dass sie dumm oder borniert sind, sondern versuche davon auszugehen, dass auch andere Gründe für ihr Verhalten haben.

Was trifft an den Beschreibungen besonders gut auf dich zu?
Worin erkennst du dich wieder?

RAUS AUS ALTEN SCHUHEN

Alte Muster und Gewohnheiten loszulassen kann sehr befreiend sein – vor allem dann, wenn es schlechte sind. Da Menschen Gewohnheitstiere sind, tun wir vieles auf die immer gleiche Weise. Manchmal ist das auch sehr gut, doch oft führen alte Verhaltens- und Denkmuster dazu, dass wir nur noch unserer Routine folgen und wie Roboter handeln.

Probiere doch einmal aus, ob es dir gelingt, einige Alltagsgewohnheiten loszulassen. Beschreite neue Wege, auch wenn sie dir ein bisschen verrückt erscheinen. Das weckt nicht nur deine Lebendigkeit, sondern kann dir auch klarmachen, dass du im Grunde viel freier bist, als du vielleicht dachtest.

1. Suppe zum Frühstück?

Probiere in den nächsten Tagen einmal aus, etwas zu frühstücken, was du sonst nie essen würdest. Falls du ein Kaffeetrinker bist, dann mache dir einen Tee, falls du sonst Müsli isst, dann wähle jetzt Toast oder frühstücke etwas Verrücktes – zum Beispiel eine Hühnerbrühe.

➤ *Notiere deine Erfahrungen. Wie hat sich das angefühlt? Gab es Widerstände?*

_____

_____

_____

_____

2. Yoga statt Fernsehen?

Ändere dein Abendprogramm. Wenn du abends gerne fernsiehst, dann mache stattdessen einen Spaziergang. Falls du den Tag gerne alleine ausklingen lässt, dann rufe eine Freundin an und unternimm etwas mit ihr. Tue irgendwas, was du sonst nie tust – gehe in die Sauna, lies ein Buch in einer Fremdsprache, die du leidlich beherrschst, mache Yoga, falls das außergewöhnlich für dich ist.

➤ *Notiere deine Erfahrungen. Wie hat es sich angefühlt? Gab es irgend-*
welche Widerstände?

_____

_____

_____

_____

_____

_____

Es gibt viele Möglichkeiten, Gewohnheiten zu durchbrechen und neue Wege auszuprobieren. Oft reicht es, sein Essen anders zu würzen oder ein außergewöhnliches T-Shirt anzuziehen ...
Setz dich bequem hin und überlege, ob du mindestens fünf Dinge findest, durch die du alte Gewohnheiten loslassen und neuen Schwung in deine Routine bringen kannst.
- Beispiel 1: Ich lasse das Auto stehen und steige aufs Fahrrad.
- Beispiel 2: Ich höre statt Helene Fischer eine Mozart-Sinfonie.

Und jetzt du:

1. _

2. _

3. _

4. _

5. _

WUNSCHLOS GLÜCKLICH ...

Nicht nur kleine Kinder haben viele Wünsche, auch Erwachsene sind selten wunschlos glücklich. Das ist ganz normal – allerdings ist es gut zu wissen, dass Wünsche keine Ziele sind. Wünsche sind lediglich innere Bilder, die dein Bewusstsein belasten, indem sie dir einen scheinbaren Mangel vorgaukeln. Sie machen dich glauben, dass du zufriedener wärst, wenn sie erfüllt würden. Das stimmt aber nur sehr selten. Erstens verschleiern Wünsche meistens, um was es wirklich geht. So kann hinter dem Wunsch nach einem neuen Auto zum Beispiel das Bedürfnis nach Anerkennung stehen. Zweitens bekommen Wünsche mehr Junge als Kaninchen. Kaum hast du dir einen erfüllt, tauchen sofort neue auf.

Wenn du entdeckst, dass deine Wünsche keine wirklichen Ziele sind, dann lass sie los, denn das befreit dein Herz. Wenn du deine Energie auf freudvolles Handeln statt passives Wünschen richtest, geht manch ein Wunsch ganz von selbst in Erfüllung.

➤ *Mach einmal eine Wunschliste – aber bleib nicht beim Wünschen stehen, sondern sieh dir die Sache mal genauer an:*

Mein Wunsch ist:

— —

Was verändert sich, wenn der Wunsch in Erfüllung geht?

— —

Was verändert sich, wenn er nicht erfüllt wird?

— —

Kann ich den Wunsch loslassen?   Ja ○   Nein ○

Das Loslass-Ritual

Dass du Wünsche hast, ist ganz normal. Das Problem ist nur, dass es dich Kraft kostet, an den Wünschen festzuhalten. Wünsche sind oft wie Kletten: Vielleicht würdest du sie gern loslassen, aber sie klammern sich in deinem Geist fest. Mit einem kleinen Ritual kannst du es dir leichter machen.

1. Schreibe deinen Wunsch auf ein kleines Zettelchen.
2. Nimm eine feuerfeste Schale und ein Feuerzeug.
3. Lies deinen Wunsch laut vor und sage: »Ich lasse dich in die Welt hinaus. Wenn es an der Zeit ist, komm zurück.«
4. Verbrenne das Zettelchen und sieh, wie sich dein Wunsch in Rauch auflöst und in die Welt hinauszieht. Du brauchst ihn nicht mehr festzuhalten.
5. Genieße das Gefühl der Befreiung ...

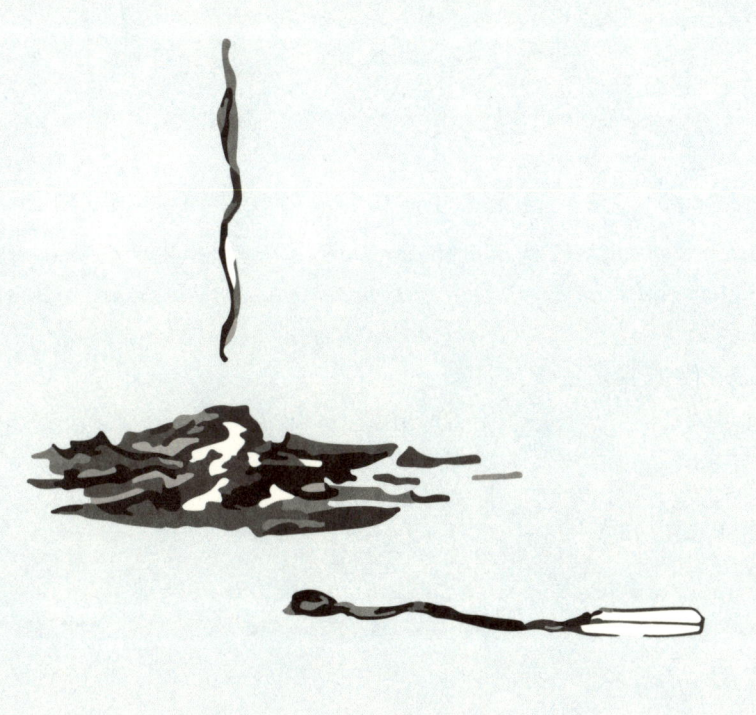

10 MINUTEN GAR NICHTS TUN

Eine einfache und sehr entspannende Möglichkeit, loslassen zu üben, besteht darin, dass du dir regelmäßig etwas Zeit nimmst für … NICHTS! Genauer gesagt geht es darum, einmal für zehn Minuten gar nichts zu tun. Setze oder lege dich auf dein Sofa, schließe die Augen oder lasse sie geöffnet und dann: Entspanne dich einfach nur. Ruhe dich aus, entspanne deinen Körper. Telefoniere nicht, lies nicht, hör keine Musik, schaue nicht fern … Genieße einfach nur das Nichtstun. Zehn Minuten sind nicht lang, aber sie können dir helfen, aus dem Teufelskreis der ständigen Aktivitäten auszusteigen, und eine Menge verändern. Probiere es einfach aus – je regelmäßiger, desto besser.

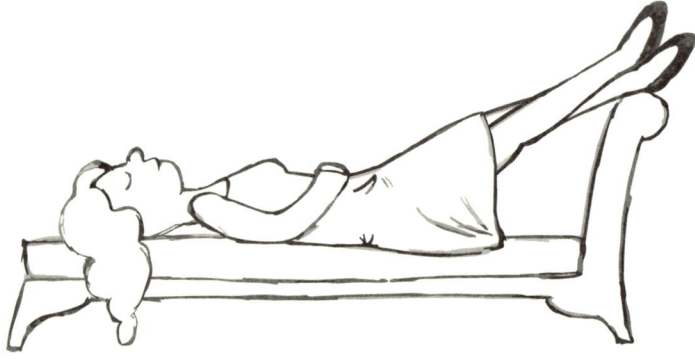

▶ *Wie erlebst du diese zehn Minuten, in denen du einfach nur »da bist«, ohne etwas tun zu müssen? Notiere deine Gedanken, deine Gefühle und schreib auf, ob es dir leicht- oder schwerfällt (und warum es dir schwerfällt, falls es so ist).*

_____

_____

_____

_____

TO-DO-LISTEN-CHECK

Verwechselst auch du dein Leben manchmal mit einer To-do-Liste? Schon klar, es gibt ja auch unendlich viel zu erledigen – wir müssen einkaufen, Mails beantworten, Arzttermine vereinbaren, Kinder abholen, den Keller aufräumen und so weiter.

Bedenke jedoch: Je mehr du erledigen willst, desto schneller wirst du erledigt sein. Gelassenheit entwickelst du, indem du einen Gang zurückschaltest und deine To-do-Listen ausmistest. Stelle dir dabei drei Fragen:

1. Muss das wirklich UNBEDINGT sein? Könnte ich es auch ganz loslassen?
2. Muss es SOFORT sein? Vieles erledigt sich von selbst, wenn etwas Zeit vergeht ...
3. Muss ICH das machen? Kann es nicht auch delegiert werden?

➤ *Schreibe einmal eine typische To-do-Liste auf und checke sie anhand der drei Fragen. Wahrscheinlich kannst du dann einige Punkte streichen.*

TO-DO-LISTE	Muss UNBEDINGT sein	Muss SOFORT sein	Kann NUR ICH erledigen	Delegieren, aufschieben oder streichen möglich?
Zur Post gehen	ja	nein	nein	ja

GLAUBENSSÄTZE AUF DEN MOND SCHIESSEN

Was denkst du über dich selbst? Wie findest du dich – oder besser gesagt: Was glaubst du, wie du »bist«? Glaubst du, dass du faul, stur, dumm oder ein Versager bist? Oder eher, dass du geduldig, liebenswert und attraktiv bist?

Glaubenssätze sind »Wahrheiten«, von denen wir fest überzeugt sind. Obwohl das, was wir glauben, noch lange nicht der Wirklichkeit entsprechen muss (und es meistens auch ganz und gar nicht tut), prägen unsere Glaubenssätze unser Denken, Fühlen und Handeln. Die meisten Menschen verstärken ihre negativen Glaubenssätze, indem sie sie innerlich ständig wiederholen. Falls auch du negative Glaubenssätze hast, dann schieße sie so schnell wie möglich auf den Mond. Zwei Schritte helfen dir dabei:

➤ *Schritt 1: Überprüfe doch einmal, was du von dir selbst glaubst:*
(Beispiel 1: Nur wenn ich es perfekt mache, werden mich die anderen akzeptieren.
Beispiel 2: Ich verliere schnell die Nerven.
Beispiel 3: Ich bin nicht liebenswert.)

Und jetzt du:

_ _

_ _

_ _

_ _

_ _

_ _

Schritt 2: Gehe nun deine Glaubenssätze der Reihe nach noch einmal durch. Beantworte jeweils folgende vier Fragen:

1. Ist das, was ich von mir denke, wirklich wahr?
2. Wer sagt das? Kann ich absolut sicher sein? Gibt es vielleicht jemanden, der das anders sehen würde?
3. Wie fühle ich mich, wenn ich diesen negativen Gedanken für wahr halte?
4. Wer wäre ich, wenn ich diesen Glaubenssatz nicht länger nähren würde? Welche neuen Möglichkeiten würde mir das bieten?

Nice to know!

GLAUBENSSÄTZE – UNSER MENTALES ERBE

Unsere Glaubenssätze bestimmen, wie wir über uns selbst und die Welt denken, und verzerren unseren Blick auf die Wirklichkeit. Viele dieser einschränkenden und mitunter krank machenden Muster stammen aus unserer Kindheit. Wenn wir von unseren Eltern, Lehrern, Mitschülern und so weiter regelmäßig Sätze wie: »Das kannst du sowieso nicht«, »Aus dir wird nie etwas« oder »Du taugst nichts« zu hören bekamen, ist unser Unterbewusstsein entsprechend programmiert worden. Dann stehen wir uns selbst im Weg. Wie gut, dass sich nicht nur Computer umprogrammieren lassen, sondern auch unser eigener Geist.

BEDÜRFNIS-FORSCHUNG

Wir reden oft von unseren Bedürfnissen und davon, wie wichtig es ist, sie zu erfüllen. Aber was sind Bedürfnisse eigentlich genau? Grundbedürfnisse sind solche, die jeder Mensch unbedingt benötigt, um gesund leben zu können: Luft, Wasser, Nahrung, Schlaf, Sicherheit, soziale Beziehungen. Das versteht sich ja von selbst. Doch natürlich gibt es Bedürfnisse, die darüber hinausgehen. Welche *Bedürfnisse* hast du noch? Nicht Wünsche, Träume, Ideale, Süchte oder Begierden – sondern was brauchst du, damit dein Leben wirklich vollständig ist? Anerkennung, Liebe, Freiheit, Kreativität, Freunde … ?

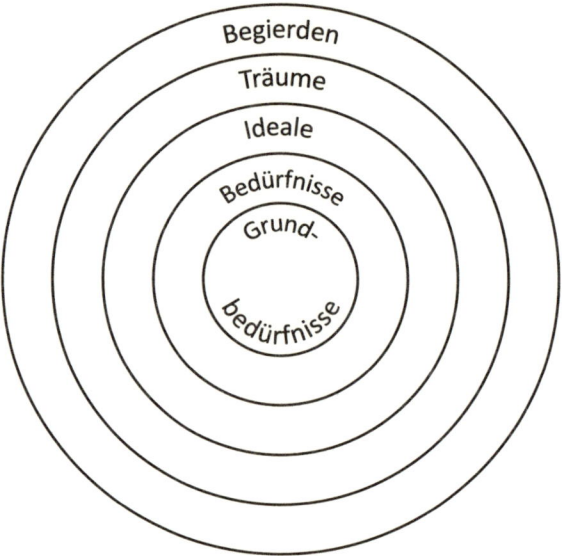

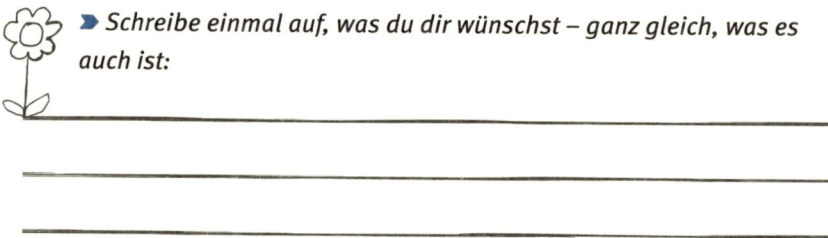

➤ *Schreibe einmal auf, was du dir wünschst – ganz gleich, was es auch ist:*

_____

_____

_____

➤ *Und nun streiche all die Dinge, für die du nicht bereit wärst, die Hälfte deines Vermögens zu opfern.*

➤ *Notiere jetzt die Dinge aus der Liste, für die du wirklich alles geben würdest:*

_____

_____

_____

➤ *Ordne deine Bedürfnisse, Ideale, Träume und Begierden – was steht dir wirklich nahe und was liegt dir ferner?*

_____

_____

_____

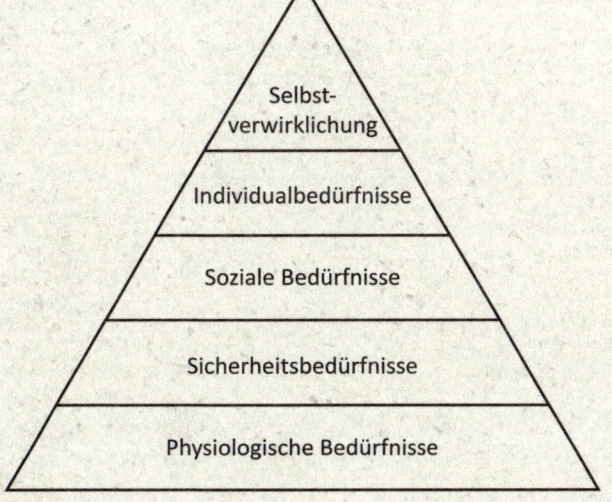

Nice to know!

DIE MASLOWSCHE BEDÜRFNISPYRAMIDE

Der Psychologe Abraham Maslow erkannte, dass Bedürfnisse eine »Rangordnung« haben: Höhere Bedürfnisse bekommen erst dann Bedeutung, wenn die grundlegenderen Bedürfnisse erfüllt sind.

Selbst-
verwirklichung

Individualbedürfnisse

Soziale Bedürfnisse

Sicherheitsbedürfnisse

Physiologische Bedürfnisse

FREUNDESKREISE

Du bist mir wichtig!

Freunde sind ein wichtiger Bestandteil des Lebens. Nun gibt es jedoch Freunde und »Freunde«. Zu Letzteren gehören zum Beispiel die 500 Facebook-»Freunde«, von denen wohl kaum einer auf die Idee käme, etwas für uns in der Apotheke abzuholen, wenn wir krank im Bett liegen. Und bei manchen »Freunden« ist es sogar schwer, sie von Feinden zu unterscheiden ... Versuche doch mal, ein wenig Klarheit in deine Beziehungen zu bringen, denn das hilft dir, das Wesentliche zu erkennen.

➤ *Zähle fünf Menschen auf, die du als Freunde bezeichnest:*

1. _ _ _ _ _ _ _ _ _ _ _
2. _ _ _ _ _ _ _ _ _ _ _
3. _ _ _ _ _ _ _ _ _ _ _
4. _ _ _ _ _ _ _ _ _ _ _
5. _ _ _ _ _ _ _ _ _ _ _

➤ *Zähle fünf Menschen auf, die du einfach gern hast:*

1. _ _ _ _ _ _ _ _ _ _ _
2. _ _ _ _ _ _ _ _ _ _ _
3. _ _ _ _ _ _ _ _ _ _ _
4. _ _ _ _ _ _ _ _ _ _ _
5. _ _ _ _ _ _ _ _ _ _ _

➤ *Zähle fünf Menschen auf, die dir guttun:*

1. _ _ _ _ _ _ _ _ _ _ _
2. _ _ _ _ _ _ _ _ _ _ _
3. _ _ _ _ _ _ _ _ _ _ _
4. _ _ _ _ _ _ _ _ _ _ _
5. _ _ _ _ _ _ _ _ _ _ _

➤ *Zähle fünf Menschen auf, die du häufig triffst:*

1. _ _ _ _ _ _ _ _ _ _ _ _ _ _ _ _ _
2. _ _ _ _ _ _ _ _ _ _ _ _ _ _ _ _ _
3. _ _ _ _ _ _ _ _ _ _ _ _ _ _ _ _ _
4. _ _ _ _ _ _ _ _ _ _ _ _ _ _ _ _ _
5. _ _ _ _ _ _ _ _ _ _ _ _ _ _ _ _ _

➤ *Schreibe nun einige ausgewählte Namen in die entsprechenden Kreise*
und schaue dir die »Schnittmengen« an:

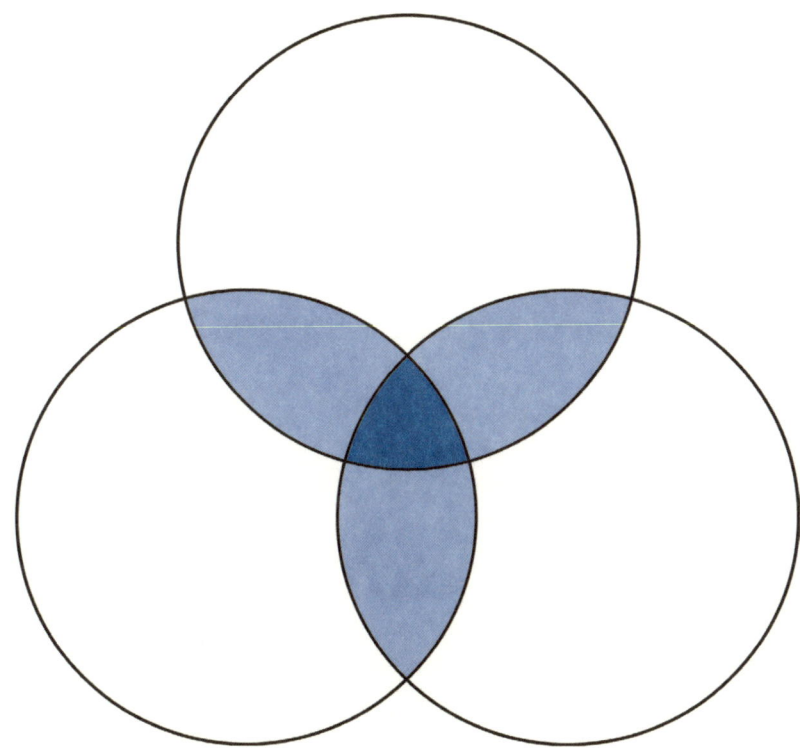

Menschen, dir mir guttun

Menschen, die ich sehr mag   Menschen, die ich häufig treffe

 ## KREATIV SEIN HEISST: ALTES LOSLASSEN

Manche Menschen glauben, Kreativität sei nur etwas für Künstler mit einer besonderen Begabung. Das ist Quatsch. Kreativ kannst du bei allem sein, was du tust. Denn kreativ sein heißt ja einfach nur, eine neue Lösung für etwas zu finden – und sei es Teller waschen.

Das größte Missverständnis ist allerdings, dass es »Inspiration« bräuchte, die irgendwie aus dem Nichts kommt. Doch wirkliche Inspiration kommt nur durch vorheriges Tun zustande. Das Interessante dabei ist jedoch, dass sie durch Loslassen entsteht – und zwar durch das eingefahrener Denkmuster.

▶ *Versuche einmal, die neun Punkte durch vier miteinander verbundene Strecken zu verbinden. Erst wirst du denken, es sei sehr leicht, dann sehr schwer, dann unmöglich – und schließlich, wenn du dich eine Weile damit befasst hast, kommt vermutlich urplötzlich die »Inspiration«. Und zwar in dem Moment, wo du die eingefahrenen Denkmuster loslässt.*

Ist das schwierig? Dann entspann dich und bleib dran, wahrscheinlich wirst du die Lösung finden. Wir versprechen dir aber, dass du sie auf jeden Fall findest, wenn du dieses Buch zu Ende liest (siehe Seite 78).

Kreativität kannst du ziemlich einfach üben: indem du versuchst, etwas anders als sonst zu machen. Hier hast du einmal ein paar Übungen zum Anfangen ...

▶ *Verbinde die folgenden Punkte auf unterschiedliche Art und Weise, sodass jeweils ein völlig anderes Bild entsteht:*

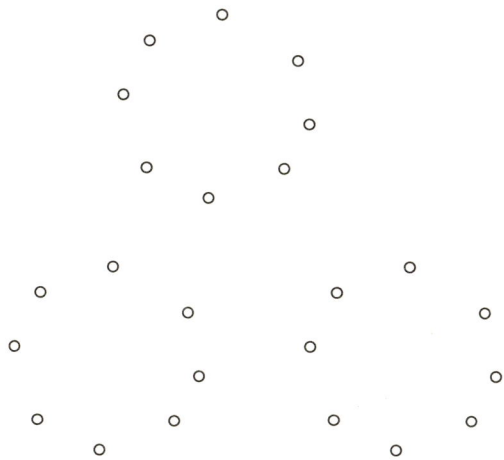

▶ *Erfinde zwei ganz unterschiedliche Geschichten, in denen diese vier Wörter vorkommen: Elefant, Hut, Auto, Baum:*

1. Geschichte

2. Geschichte

DIE 20/80-FORMEL

In der Wirtschaftswissenschaft ist es eine alte Erkenntnis, dass man mit nur 20 Prozent des Einsatzes seiner Ressourcen bereits etwa 80 Prozent des Ergebnisses erreicht. Dieses sogenannte »Pareto-Prinzip« gilt für alle Bereiche deines Lebens. Überlege doch mal, wo du die 20 Prozent, die zur hundertprozentigen Perfektion fehlen, loslassen kannst.

➤ *Mache dir klar, in welchen Bereichen deines Lebens das Ideal der Perfektion nicht so wichtig ist:*

_____

_____

➤ *Notiere aber auch, wo dir perfekte Ergebnisse wichtig sind:*

_____

_____

Nice to know!

20/80 FÜR PERFEKTIONISTEN

In manchen Bereichen deines Lebens genügen dir 80 Prozent vielleicht nicht. Du möchtest es möglichst perfekt haben. Dann führe die 20/80-Formel fort.
1. Schritt: 20 Prozent Einsatz führt zu 80 Prozent Perfektion.
2. Schritt: 36 Prozent Einsatz führt zu 96 Prozent Perfektion.
3. Schritt: 50 Prozent Einsatz führt zu 99 Prozent Perfektion.
Wenn du willst, kannst du natürlich weitermachen. Aber lohnt es sich wirklich die Hälfte deiner Energie für das eine Prozent bis zur Perfektion zu verschwenden?

Schreibe für die verschiedenen Bereiche deines Lebens die wichtigsten Tätigkeiten auf – beginne unten in jeder Pyramide und fülle sie auf. Dabei musst du immer kleiner und exakter schreiben, dass es noch lesbar bleibt. Ab wann lohnt es sich nicht mehr?

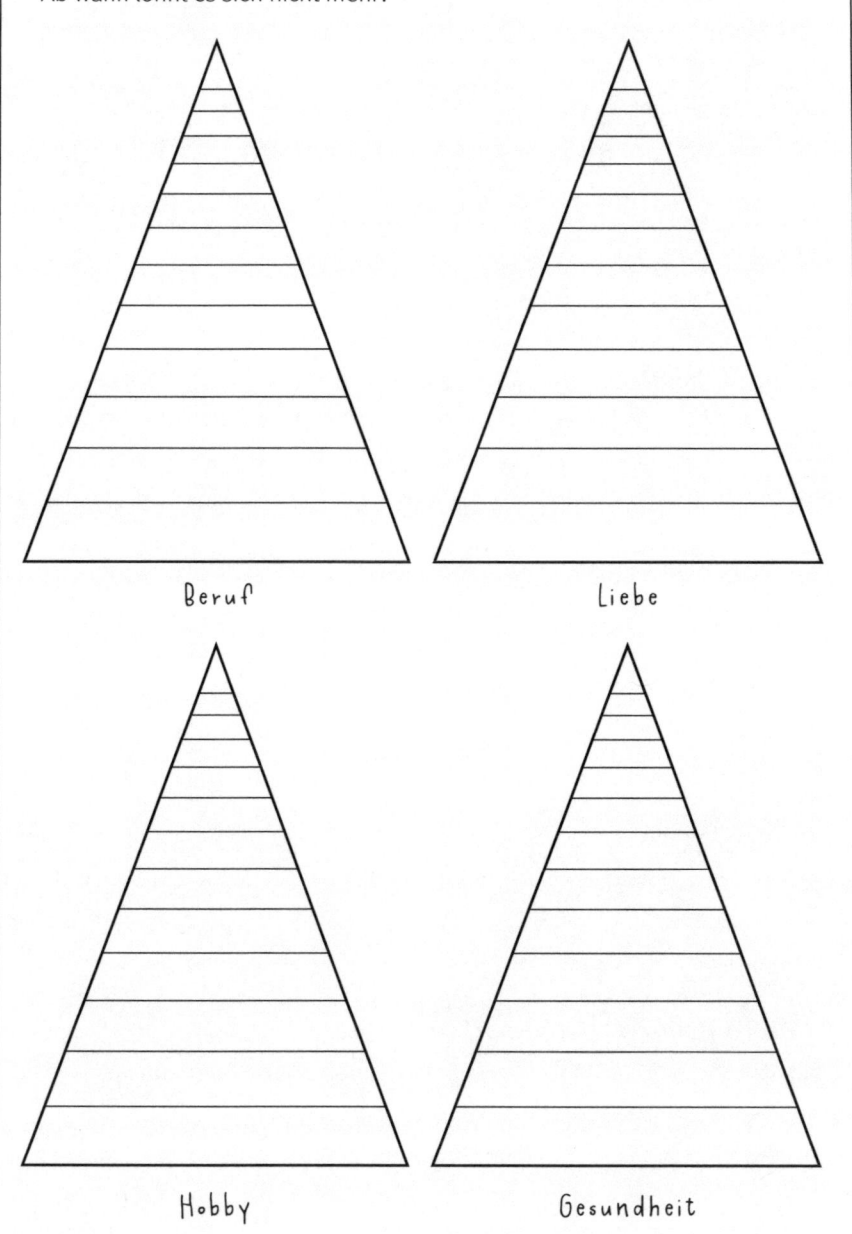

Beruf

Liebe

Hobby

Gesundheit

★ ★ ★ DER DAMPFLOK-TRICK

Im Alltag brauchen wir oft eine schnelle Methode, um Dampf abzulassen. Und genau dabei hilft die nächste Übung:

1. Wann immer du merkst, dass du angespannt oder gereizt bist, solltest du dir bewusst machen: »Ich bin gestresst – das ist in Ordnung und ganz normal.«

2. Atme dann tief durch den Mund aus – atme durch die Nase ein und zähle dabei langsam bis vier. Anschließend hältst du die Luft vier Sekunden lang an.

3. Atme nun mit einem lang gezogenen »sch« oder »fff« durch den Mund aus. Zähle dabei bis acht – atme alle Luft gründlich aus.

4. Wiederhole das Ganze insgesamt zwei- bis dreimal.

➤ *Notiere deine Erfahrungen: Wie ging es dir mit der Übung? Hat sich etwas in deinem Körper oder in deinen Gefühlen verändert?*

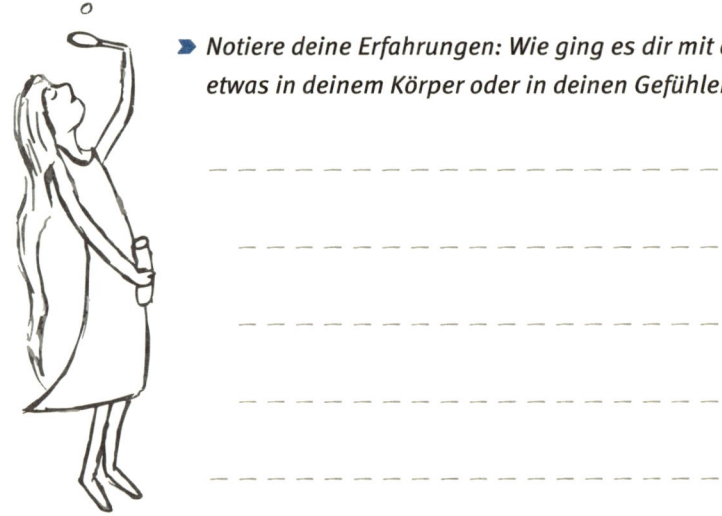

_____

_____

_____

_____

_____

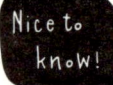

Nice to know!

EINFACH ATMEN: PRANAYAMA

Die Übung ist eine einfache Atemübungsvariante aus dem Yoga. Durch die Kontrolle *(ayama)* der Atemenergie *(prana)* werden Körper und Geist vereint – dadurch wirst du freier und wacher. Nicht nur die Körperübungen, sondern auch die Atemtechniken des Yoga eignen sich sehr gut, um loszulassen und zu entspannen.

BEFREIENDE ENT-TÄUSCHUNG

»Aber hier wie überhaupt / kommt es anders als man glaubt«, schrieb der Schriftsteller Wilhelm Busch. Ein gutes Heilmittel gegen Erwartungen sind Enttäuschungen. Wenn die Täuschung (zum Beispiel die Erwartung) nämlich erst mal von uns abfällt, müssen wir nicht länger festhalten.

ERWARTUNGEN LOSLASSEN

Zu den Dingen, die es sich wirklich loszulassen lohnt, gehören unsere eigenen Erwartungen. Jede Erwartung erzeugt eine Spannung, die es schwer macht, gelassen zu bleiben. Schau doch mal auf deine Erwartungen …

Vom heutigen Tag erwarte ich,

_____

Von meinem Partner/meinen Kindern erwarte ich,

_____

Von diesem Jahr erwarte ich,

_____

Von meinem Urlaubsort erwarte ich,

_____

Von den Politikern erwarte ich,

_____

➤ *Und jetzt: Streiche deine Erwartungen mit einem dicken Stift durch und beobachte, wie sich das anfühlt.*

TRÄUME DIR DIE WELT, WIE SIE DIR GEFÄLLT

Was würde sich VERÄNDERN, wenn du bestimmte Dinge, Menschen oder Gewohnheiten loslassen könntest? Die Früchte des Loslassens sind süß. Erkenne
das, indem du deine Aufmerksamkeit einmal ganz klar auf dein Ziel lenkst.
Diese Übung hilft dir, dir eine schönere Zukunft zu erträumen. Träume, die bunt
und schön sind und Gefühle wie Freude oder Begeisterung wecken, sind besonders leicht zu erreichen, denn hierbei hilft dir das Gesetz der Anziehung.

▶ *Schaue einmal genau hin, was sich in deinem Leben ändern und zum*
   Besseren wenden würde, wenn du dich wirklich entscheidest, loszulassen:

Davon würde ich mich gern befreien	Das würde sich dadurch verändern
Beispiel: Ich würde gerne mit dem Rauchen aufhören	Ich würde meine Gesundheit schützen, mich in meiner Haut wohler fühlen, besser riechen und viel Geld sparen

LADE DIE WUNSCHFEE ZU DIR EIN

Manchmal sind Wünsche hinderlich, da sie dazu führen, dass du noch mehr festhältst, anstatt loszulassen (siehe Seite 54: »Wunschlos glücklich«).

Manchmal kann es aber auch sehr hilfreich sein, ein paar Wünsche an die Wunschfee loszuschicken; das kann dir viel über dich selbst verraten – und darüber, was du ändern könntest ...

Stelle dir eine kleine Wunschfee vor, die dir drei Wünsche erfüllen kann. Formuliere spontan drei Wünsche, deren Erfüllung dich glücklicher machen würde.

(Beispiel: »Ich wünsche mir, dass ich mehr Zeit für meine Kinder hätte.«)

1. Ich wünsche mir, dass _____

_____

2. Ich wünsche mir, dass _____

_____

3. Ich wünsche mir, dass _____

_____

GEFÜHLE SIND EINFACH NUR GEFÜHLE

 (Feel it!)

Ob Wut, Ärger, Angst oder Unruhe – unter den Dingen, die wir gerne so schnell wie möglich loswerden wollen, nehmen negative Gefühle wohl einen Spitzenplatz ein. Dabei sind Emotionen weder »gut« noch »falsch«, es sind einfach nur Gefühle – geistige Phänomene, die kommen und wieder gehen. Wenn du oft von belastenden Gefühlen gequält wirst, liegt das daran, dass du sie entweder ablehnst, dich in sie hineinsteigerst oder aber versuchst, sie zu verdrängen. Dabei sind Gefühle wichtige Botschafter aus deinem Inneren, denn sie verraten dir viel über deine Bedürfnisse.

Du kannst deine Gefühle nicht anhalten, aber du kannst lernen, sie »durch dich hindurchfließen zu lassen«. Dabei sind einige einfache Schritte hilfreich. Das Einzige, was du jetzt noch brauchst, ist ein belastendes Gefühl ...

1 . Gib deinem Gefühl einen Namen. Wie heißt dein Gefühl oder deine Stimmung?
(Beispiele: Wut, Ärger, Unsicherheit, Hilflosigkeit, Scham, Erschöpfung ...)

Das Gefühl heißt: _ _ _ _ _ _ _ _ _ _ _ _ _ _ _ _ _

2 . Formuliere die Wahrnehmung des Gefühls so um, dass du etwas mehr Abstand gewinnst. Statt »ich bin« zu sagen, beschreibst du nur die Anwesenheit des Gefühls.
(Beispiele: Statt »Ich bin hilflos« sagst du »Da ist Hilflosigkeit«; statt »Ich bin wütend« formulierst du »Da ist Wut«.)

Da ist _ _ _ _ _ _ _ _ _ _ _ _ _ _ _ _ _ _

_ _ _ _ _ _ _ _ _ _ _ _ _ _ _ _ _ _ _

3. *Sage »Hallo« zu deinem Gefühl. Nimm es wie einen Gast an und beobachte genau, was es »macht«. Wie fühlt es sich an, was verändert sich im Körper? Spiegelt dein Atem das Gefühl wider? Treten Verspannungen, Bauchschmerzen oder ein Druckgefühl auf? Bewerte nicht, denn es ist erst einmal egal, ob das »gut« oder »schlecht« ist: Es ist, wie es ist. Nimm es einfach nur achtsam wahr.*

(Beispiel: Das Gefühl der Angst lässt den Atem flach werden. Mein Herz schlägt schneller. Ich habe keinen Appetit und meine Hände werden feucht.)

Das Gefühl _ _ _ _ _ _ _ _ _ _ _ _ _ _ _ _ _ _ führt dazu, dass

_ _

_ _

_ _

4. *Lass zu, dass das Gefühl sich wieder auflöst. Lenke die Achtsamkeit auf deinen Atem und versuche zu erkennen, wie das Gefühl verschwindet und wann das nächste »zu Besuch kommt« …*

Nice to know!

DIE ABC-FORMEL DER GEFÜHLE

Gefühle scheinen aus heiterem Himmel zu kommen, doch in Wirklichkeit folgen sie einem klaren ABC-Schema, darauf hat der Psychologe Albert Ellis hingewiesen: »A« steht für »Activating event«, also den auslösenden Reiz, »B« für »Belief«, also unsere Bewertung der Situation und unsere Überzeugung, und »C« für »Consequence« und damit für unsere Gefühle und unser Verhalten. Einfacher gesagt: Deine Gefühle sind von deinen Gedanken abhängig. Wenn dich jemand beleidigt, kannst du entweder folgern, dass du versagt hast, oder dir denken, dass derjenige schlecht gelaunt ist und sich schon wieder beruhigen wird. Im ersten Fall bist du deprimiert, im zweiten bleibst du gelassen. Willst du deine Gefühle ändern, dann ändere deine Sicht auf das, was passiert. Das klappt sicher nicht immer auf Anhieb, doch du kannst üben, positiver zu denken – einfach indem du es tust …

 ## 24 STUNDEN MEDIENFREIE ZONE

Du kannst ohne dein Smartphone nicht mehr leben? Du hängst täglich mehrere Stunden im Internet, weil deine Arbeit das erfordert? Und checkst (natürlich ganz »nebenbei«) noch Nachrichten, Wetterbericht, Börsenkurse und die Angebote großer Online-Händler? Dann bist du weiß Gott nicht alleine. Man muss nicht die warnenden Worte von Pädagogen, Hirnforschern oder Psychologen im Hinterkopf haben, um es zu ahnen: Für viele von uns ist das Angebot der Medien längst vom Segen zum Fluch geworden. Je mehr Zeit wir in der digitalen Welt verbringen, desto weniger Zeit bleibt uns für die wirkliche. Wenn dein Geist oft zerstreut und unkonzentriert ist und die negativen Informationen dir die Laune verderben, wird es Zeit, loszulassen. Lasse die Scheinwelt los und tauche in das richtige Leben ein.

Sag einfach mal für 24 Stunden: »Ohne mich!« Wähle dafür einen freien Tag aus. Verzichte währenddessen konsequent auf dein Smartphone. Schau (und lies) keine Nachrichten, surfe nicht im Internet. Wenn nötig, kannst du Freunde und Bekannte informieren, dass du einen Tag »Medien fastest« und mobil nicht erreichbar bist.

▶ *Notiere deine Erfahrungen: Was war gut, was schlecht? Ist es dir leicht- oder schwergefallen? Wofür hattest du mehr Zeit als sonst?*

UNZUFRIEDENHEITSLÖSCHER

Unzufriedenheit ist eine mächtige Kraft. Solange du unzufrieden bist, wirst du nicht glücklich sein. Du kannst auch ohne Geld, Partner, Haus oder Mikrowellenherd glücklich und gelassen leben, wenn es dir gelingt, zufrieden zu sein. Bist du hingegen unzufrieden, wird weder eine Villa noch eine gesegnete Gesundheit dir helfen. Eine einfache Möglichkeit, deine Unzufriedenheit loszulassen, besteht darin, dankbar zu sein (siehe Seite 16 »Danken statt jammern«). Eine andere kannst du jetzt gleich ausprobieren. Der Trick ist, jeden Tag einige positive Aussagen auszusprechen. So gewöhnst du es dir an, deinen Blick auf das Gute, Förderliche zu lenken statt auf Dinge, die dich unzufrieden machen.

➤ *Die Regeln sind ganz einfach: Ergänze die folgenden Sätze mit positiven (!) Aussagen. Notiere diese und sprich jeden Satz dreimal leise und langsam aus.*

1. Ich freue mich darüber, dass _ _ _ _ _ _ _ _ _ _ _ _ _ _

_ _

2. Was ich gut kann, ist _ _ _ _ _ _ _ _ _ _ _ _ _ _ _

_ _

3. Ich bin dankbar dafür, dass _ _ _ _ _ _ _ _ _ _ _ _

_ _

4. Ich vertraue darauf, dass _ _ _ _ _ _ _ _ _ _ _ _ _

TAUSCHE ALT GEGEN NEU

Wenn du etwas loslassen willst, das dir schadet, ist es wichtig, einen geeigneten Ersatz zu finden. Jeder Teil deiner Persönlichkeit hat eine positive Absicht. Wenn du rauchst oder Alkohol trinkst, hat das damit zu tun, dass ein Teil in dir sich beispielsweise nach Entspannung und Losgelöstheit sehnt. Nur wenn du diesem Teil in dir etwas Neues anbietest, kannst du das Alte loslassen.

▶ *Finde Möglichkeiten, schädliche Gewohnheiten gegen neue, hilfreichere umzutauschen, indem du dir deiner positiven Absichten bewusst wirst:*

Schädliches Verhalten	Positive Absicht	Neues Verhalten
Beispiel: Ich schreie meine Mitarbeiter oft an	Ich will verstanden werden, weil mir Effektivität wichtig ist	Ich erlerne die gewaltfreie Kommunikation und lerne, besser zuzuhören
Beispiel: Ich esse zu viel Ungesundes	Ich will mich verwöhnen	Ich lerne, achtsam zu genießen, und achte auf Qualität

ZUM SCHLUSS

Je mehr du loslässt, desto mehr wirst du gewinnen. Auf deinem Weg zu mehr
Freiheit bist du nun schon ein riesengroßes Stück vorangekommen: Du hast
erkannt, wie wichtig es ist loszulassen, und sicher hast du auch schon einige
Übungen in diesem Buch ausprobiert. Gratuliere dir zu den Schritten, die du
gemacht hast – sie sind alles andere als selbstverständlich.
Ganz gleich ob du nun Menschen, Dinge, Gewohnheiten oder einschränkende
Gedanken loslassen willst: Immer geht es in erster Linie darum, *innerlich*
loszulassen. Auch wenn dir das vielleicht oft noch schwerfällt, darfst du nicht
vergessen: Gelassenheit erreicht man nicht zufällig, sondern durch Üben!
Loslassen kannst (und solltest) du Tag für Tag lernen. Auch Buddha sagte:
»*Lerne* loszulassen, denn das ist der Schlüssel zum Glück.«
Die meisten Übungen in diesem Buch kannst du öfter mal wiederholen, ganz
wie du magst. Vielleicht hast du auch Lust, ergänzend ein kleines Loslass-Tage-
buch anzulegen. Doch setze dich bloß nicht unter Druck. Bleib locker und gehe
entspannt mit den Möglichkeiten um, dich selbst zu ergründen und negative
Gewohnheiten zu ändern.

Auf deinem Weg zu mehr Leichtigkeit und Lebensfreude wünschen wir dir von
Herzen alles Gute!

ÜBER DIE AUTOREN

Aljoscha Long, Diplom-Psychologe, war zunächst als Therapeut, Komponist und Kampfkunstlehrer tätig, bevor er begann, Bücher zu schreiben. Er hat Ausbildungen in Hypnose, Taijiquan und NLP. Gemeinsam mit Ronald Schweppe entwickelte er die Methode *Personale Integration*. Aljoscha Long lebt mit seiner Frau in München und Guangzhou (China).

Ronald Schweppe ist Autor zahlreicher Bücher im Bereich Spiritualität und Psychologie. Er ist Meditationslehrer und hat Ausbildungen in NLP und MBSR. In seinen Büchern vermittelt er zudem eine umfassende Kenntnis aus fernöstlichen Übungswegen. Ronald Schweppe lebt mit seiner Familie in München.

MEHR ZUM THEMA

Bücher & Apps aus dem Gräfe und Unzer Verlag
- Gaston, Meredith: *Mit Dankbarkeit beginnt das Glück*
- Engelbrecht, Sigrid: *Schalt die Welt auf Pause*
- *Achtsamkeit. Über 100 Übungen für mehr Gelassenheit und Lebensfreude*
- Hoffmann, Ulrich: *Mini-Meditationen*
- Kunze, Petra: *Nein sagen. Mein Übungsbuch für mehr Selbstbewusstsein & Freiheit*
- Schneider, Maren: *Der kleine Alltags-Buddhist*
- Schweppe, Ronald / Long, Aljoscha: *Gelassenheit für Anfänger*
- App: Audio-Meditationsübungen für mehr Klarheit und innere Ruhe

Lösung des 9-Punkte Rätsels von Seite 64:

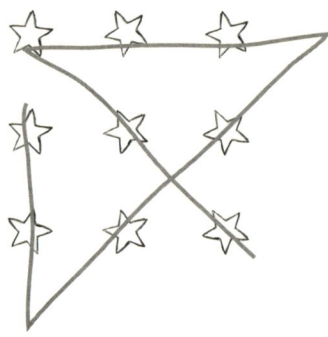

ÜBUNGSREGISTER

★ ★ ★ LEICHT, GEHT RUCKZUCK

★ ★ ★ MITTELSCHWER, DAUERT NICHT SO LANGE

★ ★ ★ ANSPRUCHSVOLL, BENÖTIGT ETWAS MEHR ZEIT

IMPRESSUM

© 2016 GRÄFE UND UNZER VERLAG GmbH, München
Alle Rechte vorbehalten. Nachdruck, auch auszugswei-
se, sowie Verbreitung durch Bild, Funk, Fernsehen und
Internet, durch fotomechanische Wiedergabe, Tonträ-
ger und Datenverarbeitungssysteme jeder Art nur mit
schriftlicher Genehmigung des Verlages.

Projektleitung: Claudia Böhm
Lektorat: Anna Cavelius
Umschlaggestaltung: H3A Mediengestaltung
und Produktion GmbH, München
Layout: independent Medien-Design
GmbH, Horst Moser, München
Herstellung: Renate Hutt
Satz: L42 AG, Berlin
Reproduktion: medienprinzen GmbH, München
Druck und Bindung: F+W Druck- und Mediencenter,
Kienberg
ISBN 978-3-8338-5232-9
2. Auflage 2018
Die GU-Homepage finden Sie unter www.gu.de

Bildnachweis

Illustrationen: www.pfau-illustrationen.de
Syndication: www.seasons.agency

Wichtiger Hinweis

Die Gedanken, Methoden und Anregungen in diesem
Buch stellen die Meinung bzw. Erfahrung der Verfasser
dar. Sie wurden von den Autoren nach bestem Wissen
erstellt und mit größtmöglicher Sorgfalt geprüft. Sie bieten
jedoch keinen Ersatz für persönlichen kompetenten medi-
zinischen Rat. Jede Leserin, jeder Leser ist für das eigene
Tun und Lassen auch weiterhin selbst verantwortlich.
Weder Autoren noch Verlag können für eventuelle Nach-
teile oder Schäden, die aus den im Buch gegebenen prak-
tischen Hinweisen resultieren, eine Haftung übernehmen.

Liebe Leserin, lieber Leser,
haben wir Ihre Erwartungen erfüllt?
Sind Sie mit diesem Buch zufrieden? Haben Sie weitere Fragen zu
diesem Thema? Wir freuen uns auf
Ihre Rückmeldung, auf Lob, Kritik
und Anregungen, damit wir für Sie
immer besser werden können.

GRÄFE UND UNZER Verlag
Leserservice
Postfach 86 03 13
81630 München
E-Mail:
leserservice@graefe-und-unzer.de

Telefon: 00800 / 72 37 33 33*
Telefax: 00800 / 50 12 05 44*
Mo–Do: 9.00 – 17.00 Uhr
Fr: 9.00 – 16.00 Uhr
(* gebührenfrei in D, A, CH)

Ihr GRÄFE UND UNZER Verlag
Der erste Ratgeberverlag – seit 1722.

 www.facebook.com/gu.verlag

GRÄFE
UND
UNZER

Ein Unternehmen der
GANSKE VERLAGSGRUPPE